暗殺。

Assassination

深い海の底で

平林猛

展望社

時代が激しくクラッシュ！

Assassination

「暗殺」～深い海の底で～

「暗殺」

目次

巻頭言　「大化の改新」はクーデター。
蘇我入鹿の首が飛び、天智天皇長剣が唸る

「大化の改新（Taikanokaishin）」は宮廷のクーデター「暗殺」であった。

当時、日本の宮廷は乱れに乱れ、多くの豪族が朝廷に参加し、豪族は天皇家の専横に対してクレームを付けていた。

それまでの天皇は人望があり、統率力があった人が務めた。その代表的な人物は聖徳太子（Syotoku Taishi）であり、実権を握り、天皇家中心の政治を築いてきた。だが、聖徳太子亡き後、豪族が力ずくで政治に介入してきたのである。

六四五年（皇極四年）六月十二日のことであった。

この日、天皇はある決断をした。このままでは「日本」は心無き豪族にすべて乗っ取られてしまう。皇極天皇（Kogyokutennou）は追い込まれていた。一刻も早く、対抗措置を打たなくてはならなかった。

「蘇我入鹿を襲い、首を刎ねる！」

皇極天皇は我が子、後の天智天皇の中大兄皇子（Nakanoouenoouji）に指示した。

宮廷のど真ん中。自らの存在を誇示し、豪快に笑う蘇我入鹿（Soganoiruka）。その首を飛鳥板蓋宮（Asukaitabukinomiya）の大極殿において皇極天皇の御前で首を切り落したのである。

「暗殺」である。

「暗殺」「クーデター」（Cuop D'etat）の首謀者は「女帝」（Jyotei）皇極天皇であった。その時の参謀が中臣鎌足（Nakatominokamatari）、後の藤原鎌足である。鎌足は弓を引き、クーデター「暗殺」を成功させた。この改革「暗殺」によって蘇我一族など豪族を中心とした日本の政治から、豪族たちを排除して、天皇中心の政治へと導いたのである。

この時点から、天皇を中心の政治体制に突入したのだといえる。

また、この改革により、「日本」という「国号」及び、「天皇」という称号が明確になり、正式に使用できるものとなった。この改革は「乙己の変」から始まった「改新」の第一段階であった。

同年（大化元年）内に、初となる元号「大化」の使用を決定した。

また、即位した孝徳天皇は即位直後から新たな時代の始まりを意識して、日本で初めての元号を「大化」に定めたのである。つまり、「大化の改新」である。

当時、天皇を擁立したり、廃帝にしたりするほど権勢を誇っていたのが蘇我一族であった。蘇我一族は初代が蘇我稲目（Iname）、二代目が蘇我馬子（Umako）、三代目が蘇我蝦夷（Emishi）、それに四代目が蘇我入鹿（Iruka）であった。

この一族の代表者的な存在が蘇我入鹿であった。その蘇我入鹿を板葺宮の大広間において、中大兄皇子は皇極天皇の名のもとに「暗殺」し、蘇我一族を滅亡させたのである。

この「暗殺」によって改革は進み、左大臣と右大臣を新設させた。さらに飛鳥の宮から難波長塚宮への「遷都」を決定するなど様々な改革や決定事項が進められた。翌年には、新政権の方針を四ヶ条にまとめた「改新の詔」改新発布された。

後に「暗殺」者の中大兄皇子は即位して天智天皇となり、藤原鎌足となる中臣鎌足と組み、母親の皇極天皇を退位させ、皇極天皇の弟である孝徳（koutoku）天皇を即位させたのである。大和政権の土地と人民支配の体制などを廃止し、日本は天皇を中心とした中央集権国家体制となり、中大兄皇子は「大化の改新」を断行した。

この騒動の中心人物は「女帝」。女性天皇のひとり皇極天皇であった。では、「女帝」がなぜ、クーデターを起こしたのか。

理由は当時の皇位継承権に問題があったからだと言われている。考えてみれば、このクーデターが起きなかったらと想定したら皇位継承権は曖昧になっていた。つまり、当時の皇位継承は現代のように単純な世襲制度ではなく、皇族や豪族の中から天皇に相応しい人物が選ばれる方式であったからだ。その基準は人格の他、年齢、代々の天皇や諸侯との血縁関係などである。

この制度が決まれば絶対的な権力の天皇家が無くなり、あくまでも諸豪族を束ねる長的の立場になる可能性があったからである。

このような状況の中、六四四年（皇極三年）十一月、権力に目覚めた蘇我一族は豹変した。蘇我一族の父蝦夷とその子どもの入鹿が邸宅を並べて建て、これを「上の宮門」「谷の宮門」と称し、東の家も含め、これらの自邸を武装化したのである。

さらに蘇我入鹿の子を「王子」と呼ばせており、蘇我一族の「専横」、権力闘争の形に見えるドギツさであった。

しかし、このような蘇我一族の天下は長くは続かなかった。

皇位継承は政治方針において対立関係にあった皇極天皇の子の中大兄皇子と中臣鎌足らを飛鳥板蓋宮の大極殿において皇極天皇の御前で、蘇我入鹿を「暗殺」、首を刎ねたのである。

飛鳥板蓋宮の大極殿のこの一連のパフォーマンスは後の天智天皇になる中大兄皇子が仕込んだ「暗殺」儀式であった。儀式の目的は蘇我一族の長、蘇我蝦夷とその子蘇我入鹿を倒すことを目的としていたのである。このクーデターの首謀者「女帝」皇極天皇であった。事が終われば後日、天皇に戻り、斉明（Saimei）天皇となった。

蘇我一族の増長に危機感を抱いた、中大兄皇子と中臣鎌足がペアを組み、天皇を中心とする国家体制を目指し、蘇我入鹿「暗殺」を計画、実行したのである。

蘇我入鹿を討ち取ったあと、中大兄皇子と中臣鎌足はすぐに飛鳥寺（Asukadera）に入って軍勢を集め、蘇我蝦夷との戦に備えた。さらに、甘樫丘の邸宅に立て籠もる蘇我蝦夷に蘇我入鹿の「首」と遺体を送り届けたのである。飛鳥寺に集結した中大兄皇子の軍勢を見た蘇我蝦夷は、邸宅に火を放って自害したという。

これによって蘇我一族は滅び、蘇我の疑似的な独裁政権は終焉を迎えた。

聖徳太子の死により大豪族である蘇我を抑える者がいなくなり、蘇我の専横は甚だしいものになり、蘇我入鹿は独自の政治力と巨大な経済力を擁し、次期皇位に推し、その権勢は天皇家を凌ぐほどになっていた。そこで起こったのが「大化の改新」クーデターであった。クーデターの絶対的勝利には政敵蘇我入鹿の「首」が必要だったのである。

蘇我一族を滅ぼした中大兄皇子は皇太子となり、その後、中臣鎌足は内臣に任じられ、軍事指揮権を握る藤原鎌足は五摂家の長になった。五摂家とは天皇を守る五家のことで、藤原氏嫡流で公家の家格の頂点に立った近衛家・一条家・九条家・鷹司家・二条家（序列順）の五つの一族のことである。

さて、新たに即位した孝徳天皇は、六四六年（大化二年）に、天皇中心の中央集権国家を目指す政治の方針「改新の詔」を発した。これに伴って、中大兄皇子らは、次々に改革を断行した。

奈良の談山（Tanzan）神社は、「大化の改新」密談の舞台でもあった。中大兄皇子と中臣鎌足はこの神社のある多武峰（Tonomine）の山中で新しい時代の中央集権国家をつくるべく蘇我一族を倒す計画を立てたのである。後に「談らい山（Katarainoyama）」と呼ばれ、神社の名前にもなり、御祭神は鎌足公の「睨み」によって邪悪なものが祓われるといわれている。

蘇我入鹿「暗殺」の場面など鎌足の生涯と神社の縁起が描かれている。中大兄皇子が長刀を振り上げ、鎌足が弓を持ち、入鹿の首が飛ぶ。

鎌足の息子藤原不比等（Fujiwara Fuhito）のその後の活躍もあり、律令制度を整え父の目指した新しい政治をつくりあげていったのである。

絵画が描かれた大広間板蓋宮は両脇の柱や長押から草柄の布が吊るされ、平安の衣装の男が立っていた。

まず、舞台中央で中大兄皇子、後の天智天皇の長剣にて「首」を刎ねられ、空中に舞い、高く跳ね上げられたのが蘇我入鹿である。蘇我入鹿は聖徳太子の時代には太子との共同での政治を行ったが、太子の死後、古人太子を次期大王（Daiou）とするため山背大兄王を斑鳩の里に攻め滅ぼしたのである。また、入鹿は父である蘇我蝦夷の大臣を継承、国政に携わり、父以上に専横を極め人々から恐れられた。

入鹿に対して弓を弾いたのが中臣鎌足。藤原家の元祖藤原鎌足で「暗殺」の見届け人だった。「暗殺」を確認、大きな世の流れを天智天皇に与え、藤原鎌足も新たな時代に向け、船出したのである。

「大化の改新」のクーデターはよく知られるところだが、その様子を描いた絵巻物にも鬼気迫る臨場感が漂っていた。この絵巻は、談山神社の御祭神である藤原鎌足の誕生と、やがて中大兄皇子と謀り、蘇我入鹿を倒し、蘇我を滅亡させた鎌足公の栄達と、その死にことよせて、本社の縁起を描いたものである。鎌足公の死後一千年にあたる一六六八年（寛文八年）の神忌にちなみ、後水尾天皇（Gomizuotennou）の発願によって制作されたものと伝えられている。

この絵は「大化の改新」に於いて中大兄皇子と中臣鎌足が蘇我入鹿を宮中にて「暗殺」し、蘇我一族を滅させた政変を描いたものである。布越しに皇極天皇が見ている前で、蘇我入鹿の生首がまるで微笑むようにして天空に高く舞い上がり、血が辺り一面に飛びちっている。凄いシーンだ。

だが、このリアルでもあり突飛でもある図柄は平安の時に描かれたのではない。描かれたのは江戸時代初期である。江戸時代の浮世絵の画家住吉派（Sumiyoshiha）の絵師如慶（Jyokei）と具慶（Gukei）の親子の絵師が千数百年も前の昔噺し「大化の改新」を題材にしたもので、第百八代後水尾天皇の発願によって制作されたと伝えられる。

展示所は古都奈良の談山神社。入鹿「暗殺」の場面である。刀を振り上げているのが中大兄皇子で、弓を手にしているのが藤原鎌足。斬首された入鹿の首が宙を舞う。「大化改新」の有名な場面。

縁起絵巻の主な場面には解説文が付いている。絵を見ているだけでは分からないシーンもあるが、飛鳥板葺宮で討たれた入鹿の「首」は、飛鳥寺の西方まで飛んでいったと伝えられている。

この「暗殺」絵を私が拝見したのはかれこれ五十数年も前のことだ。勿論、奈良の談山神社の展示場である。私は現在八十二歳になる。今でも見た瞬間の衝撃的な記憶が脳裏に残っている。

なぜ、門外漢の私が拝見させてもらえたのか。

それは、談山神社のもう一つの名物「蹴鞠」（Kemari）の行事があったからだ。この「蹴鞠」

は「日本のサッカー」などと言われているが、平安時代のけまり装束に身を包み、軟らかい革で出来た「蹴球」を手を使わず、足だけで蹴り合い勝負を付けるのである。この「蹴鞠」の競技が談山神社に残っていた。それを拝見した時に「暗殺」の絵を見たのである。非常にリアルに描かれているので正に「暗殺」である。

しかし、日本をその後を左右した「大化の改新」の決断は、これほどショッキングであったのだ。

孝徳天皇を立てて都を難波に移し、翌年、皇族・豪族の私有地・私有民の廃止、地方行政組織の確立、戸籍・計帳の作成と班田収授法の実施、租・庸・調などによる統一的な税制の実施の四ヶ条から成る「改新の詔」を公布し、中国の律令制度にならって公地公民制に基づく中央集権的支配体制の形成をめざした。

「大化の改新」は単なる「遊戯」ではない。厳しいものであった。厳しくなければ現在「大化の改新」など意は存在しない。

プロローグ

或る朝、馴染みの狙撃兵に一人の「男」の「暗殺」を依頼した。
「男」は一人の「男」を「暗殺」した。
「暗殺」された男は「人類の敵！」
ロシアのウラジミールだった。
「暗殺」者はロシア正教の司祭怪人ラスプーチンか、
ジャマイカのレゲェの信奉者か、
いや、フランスの自由主義者的な性倒錯者か、
「暗殺」者は子どもでも女でも、市民でも誰でも良かった。
裁判は「地球法廷」だ。
大統領の罪「戦争犯罪」は公の場で裁かれるべきだ。
さて、待てよ。
日本でも大問題が発生した。

原子炉の冷却水の海への放出問題である。

信じられん。

日本政府は平気な顔をして冷却水を鯨、サバ、アジ、鰯、イカ、まぐろ、アナゴなどの魚類が群れ泳ぐ海に投棄する気だ。

なんと馬鹿なことだ。

政府高官は時間待ちだと言う。

つまり、魚が原子炉の冷却水を口に入れるまでの時間だ。

魚たちは冷却水を口にして平然と泳ぐのか。

それとも目を剝き、危険信号を発信するのか。

どちらにせよ、その表情をテレビ画面に写し、女性リポーターに見せ、「元気で泳いでいるお魚さん！」と騒ぎ立て、

「これで安心だ！　おいしそう」

満面に笑みを浮かべて刺身や寿司を口にするのか。

いやはやドラム缶で百、いや二百、五百、一万。

日本の海は、原子炉の冷却水の中を泳ぐ魚で埋まる。

これは地獄だ！

Session 1　八年八ヵ月。権力を貪る、安倍晋三「暗殺」

二〇二二年（令和四年）七月八日金曜日の朝のことだ。

この日、赤色に近い「陽の光」が辺り一面を照らし出し、天変地異の異変を呈していた。だが、この異変は数十分間で終わり、すぐさま穏やかな日差しに戻り、いつも迎える静かな朝になっていた。

「おはよう！」

元気いっぱい。

「政界のドン」元総理大臣安倍晋三（Abe Shizo）は妻の安倍昭恵（Abe Akie）に起こされ、身支度を整え、東京・渋谷の富ヶ谷の自宅の玄関口で、日程表を眺めていた。今日は午前中、参議院議員選挙の応援演説だ。温かいコーヒーを啜りながら、玄関脇で十分ほどの時間を待っていた。

やがてハイヤーがやって来た。

「ご苦労さん！」

運転手に一声掛けて、玄関口に立つ妻に顔を向け、微笑みながら車に乗り込み、安倍晋三は一路羽田空港（Haneda）に向かった。

「朝日」「読売」「毎日」「産経」「東京」「日経」「赤旗」などの日刊紙を拾い読みしながら、今回の参議院選挙の票読みに入っていた。

昨今、頻繁に行われる新聞や雑誌などの政情分析では、自由民主党の議員たちの評判が悪く「ボロ負け！」感が否めず、全体的には苦戦を強いられているようであった。だが、「政界のドン」安倍晋三は、「選挙に負ける気がしない」と本気、笑顔だ。

その本気さを証明し、ビックリさせられるのが、恒例になった安倍・岸・佐藤一族の揃い踏みであった。

とにかく、エゲツナイ祖父と大叔父が二人、いや三人も存在する。その中の二人とも「血が滴る（Sitataru）！」総理大臣経験者だ。しかし、残念だが二人ともこの世には不在だ。

兄の総理大臣岸信介（Kishi Nobusuke）は一九八七年（昭和六十二年）で賑やかな歳をとり、九十歳でこの世に幕を下ろした。そして弟の総理大臣佐藤栄作（Sato Eisaku）は一九七四年（昭和五十年）、七十四歳でこの世を去っている。二人とも長寿である。

兄の岸信介が「悪の権化」、戦前、軍隊の中でも暴れ者と恐れられていた関東軍が仕切っていた「満州帝国」に籍を置き、「革新官僚」などと言われ、その根底を流れる独裁的な「黒い血脈」が自らの身体にも流れていることを知り、その血を逆に手玉に取っていた。

戦後、太平洋戦争を裁いた「東京裁判」ではA級戦犯（容疑者だが起訴されていない）となり、連合国軍連合最高司令長官ダグラス・マッカーサー元帥（Douglas MacArthur）の手で処刑寸前まで追い込まれ、必死に逃げ回っていたのである。

巣鴨プリズンの死刑執行「死の十三階段」を逃れ、命拾いした戦後は「昭和の妖怪」とまで言われ、得体の知れない右翼的な行動をアメリカ占領軍直属の機関ＣＩＡなどと展開。「六十年安保闘争」では自らの「首を晒し」、機動隊と右翼を叱咤激励、鼓舞して日本の左翼陣営をとことん叩き潰し、完膚無きまでに踏みにじり、新たな大日本帝国の思想的原型を作り上げたのである。

まさに「国賊」とも言える重鎮であった。

この一族には「国賊」がもう一人いる。

岸信介の実弟・佐藤栄作である。

戦後、酒の醸造を営んでいた佐藤家から二男だった養子縁組に出されたのが岸信介であった。その三男の弟・佐藤栄作は東京帝国大学から戦前の国鉄に入り、戦後はＧＨＱと組み「日本の国鉄」を最高の輸送機関として全国に網羅し、そのうえ、新幹線網まで築き上げた。

この功績は充分であるが、最近、全国に網羅した地方の路線を激減させ、貧弱な痩せ細った現在の日本の鉄道の原型を作り上げた鉄路マンである。それに、「沖縄返還の魔術師」とも言われ、問題がある案件、沖縄の米軍基地に持ち込んではならない案件、例えば原子力関係の物件がある。

そんな物は日本では禁止だ。だが、佐藤栄作のやり口は強引である。ヤバイ案件を持ち込み「知らん顔の半兵衛」を決め込む。それでも問題になった場合、「無口になり、巨眼を剥き出し」平然と睨みつけるのだ。

その度胸が買われたのか、「アジアでは幻」とも言われた「ノーベル平和賞」を喉から手が出るほど欲しかった兄の岸信介に代わって弟が兄の見ている前で賞を「かっさらった」のである。つまり、兄弟の見事な「悪のタッグマッチ」が完璧だったということか。様々な政治的な進行は兄・岸信介に任せ、平然とした顔で、政権を二七九八日間も連続で維持していたのだ。

だが、不思議な事だ。この政権維持の長さを破ったのが、驚くなかれ、安倍晋三であった。さて、母だが「昭和の妖怪」と言われた岸信介の長女・洋子（Yoko）である。安倍家に嫁に入ってから現在まで安倍、岸、佐藤の三家のゴッドマザーとしてすべてを仕切り、全権を握っていたのである。

父は毎日新聞の記者「トップ屋」稼業の安倍晋太郎（Abe Shitaro）であった。安倍晋太郎の父は長州藩安倍本家筋の安倍寛（Abe Hiroshi）である。安部寛は長州長門と北海道松前、それに朝鮮半島の釜山を結ぶ廻船問屋を営み、日本海の荒波を潜り、「板子一枚地獄の世界」を生き抜いてきた廻船問屋の末裔である。安倍寛は終戦前、衆議院議員となり、戦争遂行内閣東條英機の閣僚であった。

だが、戦争遂行の独裁者の東條英機に異を唱え、戦前に罷免された「俄か弁士」でもあった。つまり、安倍・岸一族は戦前も戦後も「暴れ者」で「煮ても焼いても食えぬ」猛者ばかりであったのだ。安倍晋三の父親・安倍晋太郎は政争の激しい「長州閥の顔役」で、自由民主党最大の派閥「清和会」をも率いていた。安倍晋三は亡き父の後を継ぎ、安倍家の当主となり、永田町の衆参合わせて国会議員、百数十人をも引き連れた大派閥「安倍派」を率いる「政界のドン」でもあったのである。それだけに安倍晋三の選挙運動は意外に強く、まだまだ現役感があった。安倍晋三は確か、「暗殺」時、六十七歳になる。

二年前、「八年八ヵ月」にもわたる「権力の頂点」にあり、様々な権力を無理矢理に、力ずくで握っていた。その「権力集中の美味を知っている安倍晋三は、次の総裁選に出馬、「金の生臭い匂い」がこびり付いた「血の滴る」票を集め、政権奪還の野望に満ち溢れ、政権奪取に挑む気でいた。まだ、肉体も気力もバリバリである。綺麗な若いお嬢を目の前にして、「馬鹿話を連発」、嬉々とさせるぐらいは朝飯前であったらしい。

さて、選挙期間中、少し、余裕を入れると、どこからか、「地獄の釜の蓋が開くぞ！」ベテランの大番頭に大声で怒鳴られることが何度かあった。

しかし、当選すれば万々歳！　一票でも足りなければ、負けは負けだ。当たり前だ。選挙で勝たなければタダの人。人間の屑（Kuzu）である。地元に帰れば、「冷や飯喰に、冷たい布団」が待っているのである。従って、投票日までは、文句を言うヤツは皆無だ。

両陣営とも、無我夢中。

当選か！

落選か！

結果、ひざ頭がガクガクするほどの「永田町ブルース」を味合うのだ。負ければ目を覆うような、「弱肉強食」の世界が待ち、どこからかやってくるのか強烈な押し出しの傲慢な厚顔、雑魚の骨など平気でバリバリと噛み砕く歯を揃えた親分がニコニコしながら顔を晒して、派閥の若い者を集めて暴飲暴食の巷なのである。

「勝てば美酒で乾杯」

「官軍である、負ければ惨めな賊軍」

でも、安倍晋三はまだ若い、現役だ。

とにかく、「選挙に勝つ！」国会の議席を何十議席でも自力で抑え込む覚悟だ。力が無ければ敗戦。少しでも手を抜けば、違法行為の血が滴る真っ只中で、

「議席！　票を喰い合うのだ」

だが、こんな血が飛び交う修羅場を総裁の安倍晋三はなぜか大好きだ。

選挙になれば、黙っていても自由民主党の事務所で遊説スケジュールが組まれ、その行先は様々、派閥の事情を盛り込み作られる予定表だ。調整は、事務局にお任せである。言われるままのガサツなスケジュールでも納得して動く。

「政治は生臭い。政治は腐る」

この政界の金言的な言葉「政治は腐る」を思い出していた。

だが、安倍晋三はそんなことは「どこ吹く風」と平気な顔で飛行機に乗り込み、座席に座った。

安倍晋三はとにかく、欲望が強い。座席には手で触れる何かが無いとダメ。

午前十時十分。大坂行は羽田空港を静かに離陸した。

眼下に広がる東京湾岸のゴルフ場を眺めながら、安倍晋三は微かな機体の振動に身を任せ、座席に身を落とし込み、どっかりと座り込んだ。翼の左手側には波立ち、白波に煙る海原、東京湾が広がる。その右手の翼の下にはクッキリと姿を晒す富士山。大地にベッタリと張り付いたような浜名湖。

さらに、メッタリ感が漂う琵琶湖から、「古の都」京都を感じさせる比叡山に新緑が艶めかしくのたうち回る。安倍晋三は久しく感じていない「抹香臭さ」などを鼻口で思い出しながら、眼下の「祇園」の艶めかしさを掻い込む。

機体は大阪伊丹空港へ向かい、しばらくすると機首を下げ、着陸体制に入り、滑走路に滑り込んだ。

午前十時四十分。着陸。

安倍晋三は待機中の車に乗り込み、阪神高速道路を疾走、「鹿が群れる古の都」奈良へ向かった。強制的だ。選挙期間中、朝から晩まで、連日のように自由民主党公認候補の応援演説に駆り出され「貧乏暇なし」の如く、演説の時間を割り振られるのだ。

これは義務か。いや、まるでロボットだ。

良い例がある。一昨日は朝一番で岡山。そして、今日、午前中は奈良。午後には京都で一声。

夜には飛行機で東京羽田に戻り、その足で埼玉に行く予定だ。

全スケジュールは選挙演説である。

奈良の演説会場は関西の大動脈近鉄奈良線大和西大寺駅北口広場だ。広場は出口から二十メートルほど離れた交差点。

その交差点中央にはガードレールで囲まれた安全地帯「ゼブラゾーン」がある。この「ゾーン」は「ゼブラ」と名付けられ、シマウマ模様、まるで安い動物園の感じだ。選挙応援演説用の場と考えた場合、応援弁士にとって安全なのか、「ゼブラ」のコーナーにはどこからでも、進入が可能で、応援演説者にはまったくの「ノーガード」だ。どこからでも乱入、乱暴狼藉が可能で、警備上問題がある。

だが、近くに許可なく選挙カーの停車が可能だ。それは中央の安全地帯「ゼブラゾーン」付近だけだ。

演説会に関して、事前に調査、警備関係の奈良県警は万全で臨み、問題が無かったとのことだ。現場は激しい真夏の陽が射し、アスファルト舗装の路面を照り着け、表面は流れ出しそうに溶解していた。緊急時を想定、県警本部の警察官二十数人と警視庁から派遣された秘密警察官がガードレールの内側に立ち、眼を皿にして、会場を眺めていた。さらに、シークレットサービスはガードレールの外側で、後方に目を向けて警戒していた。

午前十一時二十分。

安倍晋三を乗せた乗用車が現場に到着、一帯に緊張が走った。

人気は、「腐っても鯛」。安倍晋三の通常の選挙区は山口県の下関一帯であるが、総理の関係で関西でも人気は抜群、異常なほどの集客力を誇っていた。

だが、不思議だ。総理大臣の現役時代には秘密警察の数は、群を成していた。でも「八年八ヵ月」の権力の座から降り、「ただの人」になったのである。哀しい事に、警視庁から派遣された秘密警察官はなんとたったの一人であった。言ってみれば元総理安倍晋三は、「無防備の帝王」だったのである。

総理の「暗殺」は、「激安！　安売り！　不当廉売」であった。まるで、安倍晋三は陽当たりの良い縁台に並ぶ「茄子」や「胡瓜」、「日寝た大根」のように安売り状態だったのである。無防備の安倍晋三は「国家」にとってはもう「無価値」なのだ。哀しいかな無価値の安倍晋三は選挙宣伝用の自動車の右斜め後方の「ゼブラゾーン」の歩道側に立ち、マイクを握る直前だった。

危険だ。

奈良県警の警備担当者は、後方担当の警備官に周辺の厳重警戒を指示した。

午前十一時二十九分。

腕時計を睨みながら安倍晋三は、高さ四十センチほどの演説台を宣伝自動車の物入れの中から引き出した。安倍晋三はその台の上に立ち、聴衆に向かって手を振り、ニコニコしながら演説を始めた。

「奈良のみなさん、今日は暑い」

「こんな熱い中、大勢の方々に御参集いただき、心より感謝申し上げます」

安倍晋三は第一声を上げた。

それから一分四十秒後である。

異常事態が発生した。安倍晋三の傍にいたスタッフが突然、動き出したのだ。なにを思ったか自分の手持ちのカメラで演説中の安倍晋三の姿を映し出したしたのだ。この時、あらかじめ奈良県警が決めていた安倍晋三の防御態勢ディフェンスライン（Defense Line）が一気に崩れたのだ。死角として考えられていた後方がガラガラ空きになった。

午前十一時三十一分。

咄嗟に危険を察した後方の警察官は同僚の警備員に声を掛けた。また、なぜか突発的な動きが起こった。ガードレールの内側に立っていた若い男が、小さな台車を押し、「ゼブラゾーン」の安全地帯の中を横切り出した。突然の予期せぬハプニングだ。安倍晋三の後方が信じられないようなガラ空き状態になってしまった。

異変はそれだけではなかった。古ぼけた自転車に乗った一人の老いた男が動き出した。安全地帯に無謀にも入ってきたのだ。この空間に「テロリスト」（Terrorist）が生存していたのである。

検問用の白いマスクに眼鏡。

グレーのジャンバー。

黒っぽい上っ張り。

その下には半袖シャツ。

ズボンは作業用の簡素なものだ。

靴は黒っぽい運動靴。

午前十一時三十分六秒。

選挙演説発声から二分二十六秒後だった。「テロリスト」が安倍晋三の背後、約七メートルから一発目の銃弾を発射させた。

「バアーン！」

発射音を辺りに撒き散らしながら銃弾は、「ターゲット」安倍晋三に向かって素早く飛んでいった。発射音に顔を歪めた警備員たちは呆然とし、左後方へ身を倒した。狙撃は失敗だ。結果をいち早く感知した「テロリスト」は手持ちのカバンの底から、二発目の銃弾発射用の銃を取り出した。

八秒後。

「ターゲット」安倍晋三の胸に照準を合わせ、憎悪を込め、後方、約五メートルから二発目を発射した。硝煙と硝音を辺りにぶちまけ、発射された二発目の銃弾は安倍晋三の首の右前部と左上腕部に着弾した。銃弾は肉体を抉るように喰い込み、身体を駒のように半回転させながら血に濡れたコンクリートの上に崩れ堕ち、真っ赤な血が噴き出し、流れ出していた。

「ターゲット」安倍晋三は意味不明の重量感の籠った言葉を発しながら「最後の笑み」を浮かべた。それは一瞬だった。最後の笑みを浮かべ、安倍晋三は静かに仮死状態に陥った。「テロリスト」は自ら改造した銃での狙撃の達成感を、まるで紫陽花が咲くが如く感じ、喜びに満ちていていた。「暗殺」だ。

銃撃された男。それは「現代日本の帝国主義的社会」を「八年八ヵ月」もの間、平気な顔をして悪政の限りを尽くした絶対的権力者安倍晋三であった。安倍晋三は意志強固な「テロリスト」によって「処刑」された。「テロリスト」は活動的な「革命家」(Revolutionary)だったのである。

この行為は閉鎖的な近代日本の中で突発的に起こった日本民族の「革命的勝利」であり、芸術的なアバンギャルド状態であった。

「テロリスト」=狙撃犯は誰だ。警備関係者は戸惑い、現場を取りかこんだ。

「右翼か！」「左翼か！」

現場から逃げ出し掛けた「テロリスト」を数人の秘密警察官がとり囲み、路上に捻じ伏せた。黒光りした手錠を嵌められ、その手首に食い込んでいた。その手は季節外れの「異様な紫」に包まれていた。

突然の事態に慌てた警察官は、どこから飛んでくるかもしれない、次の狙撃弾に身を固くしていた。もし、「テロリスト」が複数犯なら次の銃弾攻撃の恐怖があった。だが、その恐怖は一瞬だった。現実が曝《さら》け出されたのだ。元総理大臣安倍晋三が、白昼、公衆の面前で「暗殺」された。

狙撃犯の男は「暗殺の意志」を公にした。辺りは騒然とした状態で、誰も医療に当たらなかったが、偶然近くに居合わせた医療チームの医師や看護師たちが奮闘した。銃撃され、転倒した肉体には助命用の血液が滝のように流れ込んでいた。

「血が足りない！」

担当者は流し込まれ、輸血される血量の多さに異状性を感じた。まるで、安倍晋三の肉体は、「凶暴な吸血鬼ドラキュラ（Dracula）」に占拠され、血を貪りながら「死」に向かって、全速力で突き進んでいたのだ。同日午前十一時三十二分に、救急車二台、ドクターカーを含む車両計七台が出動した。

午前十一時三十七分。

救急隊が到着、四分後には次の隊が到着した。安倍晋三は道路に仰向けの状態で寝かされ、自動体外式除細動器を用いて救命措置が行われていた。その二分後、十一時四十三分、救急車が安倍晋三を乗せ、走り去った。

午前十一時五十四分。

ドクターヘリが平城京跡歴史公園に向かった。到着したドクターヘリに収容。十二時十三分、離陸。

午後十二時二十分。

安倍晋三は奈良市に隣接した橿原（Kashihara）市の奈良県立医科大学附属病院高度救急セン

ターに搬送された。緊急センターでは輸血と、止血術や開胸術などの蘇生措置が行われた。

情報が一帯に溢れ、襲撃結果が判明した。

Session 2　「喪服」は金ラメか銀ラメのドレスか。「国葬」を欲しがる輩たち。

東京・渋谷の富ヶ谷の安倍晋三の自宅。突然、電話がけたたましく鳴り響いた。官邸本部から緊急通信だ。

二〇二二年（令和四年）七月八日（金曜日）午前十一時五十分。

安倍昭恵は夫安倍晋三とは数時間前に別れたばかりだ。

「撃たれた！　危篤状態だ」

咄嗟の異変に身震をした。狙撃を知らされた留守宅の妻・昭恵は戸惑った。現場に飛んで行かなければならない。服装は黒か。黒のショールが必要か。靴は黒が何足。まさか、ピンクや紫の靴はダメか。だが、事態は生煮え。そうだ、金ラメのドレスが。やはり、ダメ。妻・昭恵はなにがなんだか解らないまま、煩雑に発生する雑事に立ち向かった。

「私も息子晋三の一大事。現場に参ります！」

突然、乱入したのは高齢九十四歳を超える安倍晋三の母安倍洋子（Abe Yoko）であった。自ら安倍家の「ゴットマザー」とそのポジションを決めている母・洋子の要望だ。明治維新から続く長州藩毛利家につながる安倍家の主の悲壮感溢れる主張であった。

「嫁の立場」の昭恵は「嫁の言い分」で説き伏せ、同行を断り、断腸の思いで自宅を出て、救急車両と新幹線を乗り継ぎ、京都駅に向かった。京都駅では自由民主党関係者が出迎えた。それまでは気丈だったが、ホームへ降りた時に一瞬、昭恵は出迎え人の姿を見て安心したのだろう。時間が経つにつれ、徐々に夫・安倍晋三の様々な容体を聞いても堪えていたが、マスコミ関係者がいないことを確認、思わずベンチに泣き崩れた。

しかし、政治家の妻である。気を取り戻し、心配して気を遣ってくれる迎え人とホームへ移動。乗り換えまでの待ち時間があったからだ。その時間を利用して身繕いをして、近鉄京都線の大和八木駅で下車、奈良県立医科大学附属病院に向かった。

奈良の病院への到着は午後四時少し前だった。

入院先の病院の関係者が記者会見を行い、対応に当たった救急診療科部長の教授が、

「頸部に二ヵ所銃創があり、心臓の心室と大血管を大きく損傷していました。止血を行ったが、残念ながらの結果となりました」

と説明した。

死亡確認、二〇二二年（令和四年）七月八日午後五時三分。

死因は失血死と報告された。

一方、総理大臣岸田文雄（Kishida Fumio）は安倍晋三の危機情報をすぐさまキャッチしていた。

それは午後十二時五分頃だった。岸田文雄は激戦続く参議院選挙運動の真っ最中にあった。岸田文雄にとってこの選挙は政権を引き継いでからの初めての闘いであり、負けるわけにはいかない。正念場である。その大事な戦いも終盤。泣いても笑っても選挙の開票まで後二日に迫っていた。

そんな状況であったが、前夜から山形に宿泊し、気と身体を休めていた。岸田文雄は山形の寒河江（Sagae）の「道の駅寒河江」にて、応援演説を行う予定であったが、演説前に元総理安倍晋三「暗殺」の緊急報告に気が動転していた。

「安倍が撃たれた！　命が危ない」「暗殺だ！」

官邸からも、幾多の情報が入り乱れて来たが、自由民主党選挙対策委員が、緊急事態発生を報告した。報告を受け、岸田文雄はマイクを受け取り、奈良での安倍晋三の銃撃事件を関係者に報告。走り込んで来た車に乗り込みながら、陸上自衛隊駐屯地へと向かった。

緊急事態だ。

総理大臣岸田文雄は航空自衛隊松島基地からへリコプターで一路、羽田空港へ向かった。午後二時二十九分羽田空港到着。その足で、首相官邸へ飛んだ。首相官邸へ入ると、岸田文雄は、「G20」（Group of Twenty）サミット（Summit）「金融・世界経済に関する首脳会合」出席のためインドネシア（Indonesia）のジャカルタ（Jakarta）に出張していた外務大臣林芳正（Hayashi Yoshimasa）に緊急連絡、安倍晋三「暗殺」の緊急事態を報告した。同時に全閣僚に対して、日本各地で展開している選挙運動を速やかに中止し、急遽、帰京するよう指示した。

午後四時三十分。

総理大臣岸田文雄は「緊急閣僚」会議を首相官邸で開催。その結果を受け、記者会見を開き、元総理大臣安倍晋三の「暗殺」を伝えた。

総理大臣岸田文雄は安倍晋三の功績を讃える形で、死去した八日付をもって、「従一位」に叙するとともに、「大勲位菊花大綬章及び大勲位菊花章頸飾」を追贈することを持ち回り閣議に於いて了承決定した。また、安倍晋三の「国葬」案が副総理麻生太郎（Aso Taro）や数人の出席者から提案され閣議にかけられた。

「偉大な政治家をこうした形で失い、残念でならない」

安倍晋三の「暗殺」は全世界の人々、国及びその元首、国際関係機関に連絡され、日本全国民に「暗殺」が発表された。

午後四時四十分。

妻・昭恵は、奈良の病院に着いた。病院にはベッドに横たわる「骸」（Mukuro）と化した夫・安倍晋三の肉体があった。朝から数時間の間に変わり果てた夫・安倍晋三。その姿を見て、泣き崩れる。

だが、家族とはいえ、感情に溺れている訳にはいかない。この時点で、家族の事務的作業が待っていた。その作業は昭恵の唯一の作業であった。つまり、日本政府として誰かが安倍晋三の「死」

を確認しなければならない。この場にいるいちばん近い肉親は妻・昭恵であった。当然、その確認作業が必要だった。

安倍晋三の「死」が妻・昭恵によって確認され、公表された。安倍晋三は享年六十七。死亡時刻は二〇二二年（令和四年）七月八日午後五時三分であった。妻・昭恵は「骸」になった安倍晋三とともに奈良の病院で翌朝まで過ごした。

翌日、午前八時、遺体運搬専用車を手配。

遺体とともに東京・渋谷の富ヶ谷の自宅に向かった。その間、衝撃的な「暗殺！」のニュースは即刻、全世界に伝えられた。まず、アメリカではホワイトハウスの大統領補佐官からジョー・バイデン（Joe Biden）に安倍晋三の「暗殺」が直接伝えられ、その場で弔電が打たれた。さらに、ジョー・バイデン大統領から安倍晋三の遺族に宛てた手紙が渡された。それと同時に「暗殺」に関する情報はワシントンDCのドナルド・トランプ（Donald Jrump）前アメリカ大統領のオフィスにも伝わり、即座に次の行動の手が打たれた。

また、在日中国大使館にも「暗殺」の情報は伝わり、北京の中華人民共和国の習近平（Xi Tinping）国家主席に報告され、即、弔電が打たれた。それと同時に「二つの中国」問題に苦慮している台湾の蔡英文（Tsai Iug-wen）総裁が台北の政府事務所で安倍晋三の死を知り、即座に哀悼の意を表現した。カナダ（Canada）の首相ジャスティン・トルドー（Justin Trudeau）にも伝えられたがアラスカ（Alaska）での重要な漁業問題が発生、日本行は無理だと大使館から電報が入った。

日本国内では、事件は「暗殺」であり、犯人の「テロリスト」は検挙されているのにも関わらず日本の報道機関は、犯人は宗教関係者ではないが、「事件の本質には大きな関係がある」などと惚けてコメントしていた。

そのことを聞いたフランス（France）では、報道機関の宗教関係の報道についての取り扱いは厳しい。エマニュエル・マクロン（Emmanuel Macron）大統領に、この件は伝達され、フランス政府に伝わり、マクロンの弔電が日本政府宛てに打たれた。フランスでは宗教団体への規制が厳しく、「統一教会」はカルト（Culto）集団と規制され、参拝することすら禁止されている。

フランスの雑誌『フィガロ（ＦＩＧＡＲＯ）』の関係者は、日本のマスコミの「統一教会」の扱いについて、「もっと宗教法人の扱いについては明確にすべきだ」とコメントした。それに「暗殺」の犯人も「統一教会」に異議を持つ者だとしたら、その点を報道しなければだめだともコメントし、日本の報道機関に対して苦言を呈していた。

「なぜ、報道関係者は日本人の犯罪を日本人の犯罪として報道する事を嫌うのか」

「明日の朝には元総理安倍晋三の事件の全貌が報道される」

「でも、反対派の人間が引き金を引いたのだから仕方がない」

日本の報道各社に苦言を呈する報道機関は「なにが真実なのか」を求めて走りだした。

そんな動きに敏感だったのがロシア（Russia）の報道機関であった。北方領土問題などで安倍晋三とは深い関係にあったロシア大統領ウラジミール・プーチン（Vladimir Putin）は、「今世紀最大の世界の暴挙」とも言えるウクライナに侵攻中であったが、律儀にも安倍晋三の「暗殺」に関しては次の声明を発表した。

「犯罪者の手は長い間、日本政府を率いて、両国間の良好な隣人関係を発展させるために多くのことをした優秀な政治家の人生を断ち切った」

「シンゾウ（晋三）とは定期的に連絡を取り合い、彼の優れた資質は十分に発揮されていた。この素晴らしい人物のよき思い出は彼を知るすべての人の心に永遠に残るだろう」

こう締めた。プーチン大統領は安倍晋三の死に愕然としていた。だが、プーチンは、統一教会に関して、「ネオナチ（neo-Nazism）の匂いがする。危険な宗教だ」として旧「統一教会」（The Unification Church）に対してロシア国内の規制を掛け、教団の活動がロシア連邦内では禁止されたいた。

ロシアは宗教に対しては厳しい。プーチンがロシア正教徒であるが、もし、大統領が「統一教会」に対して友好的なコメントでも発したら、「ロシアの宗教問題」「プーチン除名」など、宗教界に大波乱を起こす可能性が大きいとされていた。もし、プーチンと「統一教会」との関係が報じられれば、ロシア正教から明らかに報復され、確実に拒否される可能性がある。

また、中国では「統一教会」対して「邪教」のレッテルを中国共産党が貼った時点で、「宗教のシンボル」を崇拝することすら禁止されたのである。

さて、各国の対応に時間を取られていた総理岸田文雄は「暗殺」された安倍晋三の通夜に先立ち、様々な国々の意に対応して時間を割かれていたのだ。突然の安倍晋三の「暗殺」事件に日本の政財界はアベノミクス（Abenomics）の提案者の「暗殺」に大きな衝撃を受け大きく揺らいでいた。

翌々日、七月十一日、渋谷の自宅で午後七時から内輪の通夜が行われた。喪主は妻の昭恵。通夜の出席者は現総理岸田文雄。前総理の菅義偉（Suga Yoshihide）。元総理で親友の麻生太郎。北朝鮮に同行したことのある元総理の小泉純一郎（Koizumi Junichiro）。東京オリンピックで奮戦した元総理の森喜朗（Mori Yoshiro）。

自由民主党関係者や政経済界から安倍晋三との個人的な関係者など三十数人が参集し、突然の別れを惜しみ、まだ正式に決定してない「国葬」に関して様々な人から多くの意見が出され、結論が出ないまま終わりだ。

翌朝午前八時、安倍晋三の遺体は渋谷の自宅を出て、自由民主党幹事長茂木敏充（Motegi Toshimitsu）や多くの党の仲間や関係者たちが見守る中、首相官邸、国会議事堂、衆参議員会館、裁判所、各省庁、自由民主党本部などを車で廻り、増上寺に到着した。到着を待っていた三千数百名にものぼる「お別れ」の人の前の祭壇に棺が静かに置かれた。前日の密葬に出席できなかった各界の要人たちの「最後の別れ」が行われた。

その中には特別の別れがあった。両陛下の記帳が宮内庁侍従長の手で行われた。午後一時、遺体は桐ケ谷斎場にて荼毘に付された。

二〇二二年（令和四年）七月十四日。総理岸田文雄は記者会見を開き、「国葬」を政府主催で行うことを明らかにした。また、今回の「国葬」の費用は数億円ほどだが、全額国費で賄う見通しであることを発表した。安倍晋三の「国葬」は国民が納得しないまま、政府、つまり、権力者の腹芸の中で行われるのだ。その「国葬」の日時の情報だ。では、発表された開催日時と場所を記す。

日時　二〇二二年（令和四年）九月二十七日。

午後二時から午後七時。

場所　日本武道館。

「国葬」の主催は日本国政府。

葬儀委員長は岸田文雄。

安倍晋三の死後、弔問を希望する各国からの連絡が殺到し、外務省がその対応に追われる事態となったという。

「極悪な国賊」でも「国葬」にしてしまうこの国のミステリーがある。理由は、「これだけ人気があるのだからファンのために」「スポンサーが大入り満員、やっぱり、総理大臣は人気バッグンだ」

広告代理店が泣いて喜ぶ新しい資本主義の時代だ。売れる物を作れば良いのだ。外国も、国内も喜んでいる。テレビで長時間完全中継。

「国葬」が政府の主旨で始まった。

九月十三日、「国葬」の流れは激流となり政府を突き動かしていた。「国葬」の司会は、葬儀委員会の指名でフジテレビのアナウンサー島田彩夏（Simada Ayaka）の担当と決まった。

式次第である。

「御遺骨式場到着」

葬儀委員長岸田文雄らが安倍晋三の遺骨の到着を出迎える。

陸上自衛隊中央音楽隊が葬送曲「悲しみの譜」を演奏し、十九発の弔砲が発射される中、葬儀委員長の総理大臣岸田文雄を先頭に、遺骨を抱いた喪主の安倍昭恵、安倍晋三の遺族が会場に入場。

「開式の辞」

葬儀副委員長の松野博一（Matsuno Hirokazu）が行う。

「国歌演奏」

陸上自衛隊中央音楽隊、海上自衛隊東京音楽隊、航空自衛隊航空中央音楽隊による国歌の演奏が行われる。

「黙祷」

九十人の自衛隊儀仗隊が入場し、一分間の黙祷が行われる。この際には葬送曲「国の鎮め」が自衛隊の音楽隊によって演奏された。それに、政府がまとめた安倍晋三の生前の活動を振り返る映像が約八分間上映された。この映像には、生前の安倍晋三自身による「花は咲く」のピアノ演奏が使用されていた。

参列者の献花の終了後、葬儀委員長岸田文雄を先頭に、遺骨を抱いた喪主の昭恵夫人、海上自衛隊東京音楽隊によって「花は咲く」が演奏される中、会場を退場する。会場を出る際には、陸上自衛隊中央音楽隊が「悲しみの譜」を演奏し、演奏の終了後、遺骨は兄の安倍寛信に渡され、葬儀委員長の岸田文雄と喪主の安倍昭恵に送られて、儀仗隊による三回の弔銃が鳴り響く中、自宅へと帰宅した。

さて、安倍晋三の「国葬」だが、開催に関しては調査すべき問題があった。「国葬」にされる安倍晋三は「テロリスト」に「暗殺」された人間である。その人間に対してなんの調査もせず、国は「国葬」開催の音頭を取り、おまけに数億円もの予算まで付けて開催したのである。

なぜか？

安倍晋三に対して個人的に義理がある岸田文雄首相はじめ政府、自由民主党関係者、政党関係者たちは様々な政治的な問題が山積しているのに、どうしても「国葬」を開催したいと官邸と式典の話を進め出していた。なにがなんでも「国葬」を行わなければ議員たちの安倍晋三に対する義理が立たないのか。

「国葬、冗談じゃない！」

本格的に司法権力を動員して「暗殺」された安倍晋三も、安倍晋三を「暗殺」した「テロリスト」も検察で調査するべきだ。まだ、「テロリスト」の裁判も行っていない。起訴したのが、事件発生から百数十日たった二〇二三年（令和五年）一月十三日、奈良地方検察庁によってだ。

それまでは「暗殺」された安倍晋三も「テロリスト」も両者無罪だったのだ。だが、日本政府は「暗殺」された安倍晋三だけは善人とし、無罪にしたのだ。つまり、安倍晋三は「暗殺」された日から推定「無罪」として日本政府は「国葬」を行ったのである。

日本の憲法には「国葬」に関する決まりがない。そのため、その時の権力者が戯言の如き、「国葬にする」と言えば、条件など関係なく「国葬」になってしまうのだ。

「国葬」（State Funeral）。

安倍晋三の死に対して、なぜ、「国葬」を行わなくてならないのか。

一般の庶民は誰も「国葬」を望んでいない。だが、政府の発表によれば、「世界の多くの人々や日本の国民の多くは安倍晋三の『国葬』を望んでいる」との意味不明のコメントがあるが、誰が望んでいたのかは不明である。国内的には「国葬」の開催に関して賛成派が三七パーセント。開催に反対なのが五二パーセントであるという。この数字に関して、政府はもっと調査し、「やるか！　やらないか！」白黒の結論を出すべきである。

「暗殺」された人間が「八年八ヵ月」も政権担当者だから、善人なのか悪人なのかを吟味する必要がある。だが、「国葬」で葬ってしまえば法律的には「善人」、問題がないとばかりに、強引なこじつけだが政府は「国葬」を強引に行なうのである。

なぜだ。つまり、法律的に安倍晋三の身体は、「綺麗だ。汚れがない」ことにしたいのだ。誰も「安倍晋三の墓を暴く」ことなどしない。でも、「墓を暴くこともあるかもしれない」。

総理大臣現職中に安倍晋三が起こした「モリカケ」に関しては問題がないのか。また、四国の友人の学校の膨大な土地。それに、新年会か花見の目出度いビールの飲食代。などなど、誰かが「汚れた金」を積み、綺麗にしたつもりなのだ。つまり、帳簿上は綺麗なのだ。

だが、まだ後味が悪く、なにか薄汚れているような感じがする。政府は政府の権限で、安倍晋三は無罪、「国葬」を行うのである。それには驚きが一つある。「国葬」を行う、その理由がなんと驚くなかれ「弔問外交」だという。世界の主要七ヵ国の代表と欧州連合（EU）が参加する「G7」がある。だが、どの国も時節柄、安倍晋三の「国葬」には参加できないのだ。

「今世紀最大の暴挙！」と言われているロシアのプーチン大統領の「ウクライナ侵攻」が泥沼化して解決の糸口が見つからないこともあり、他国の「国葬」などに多々問題が発生、構っていられないのが各国の現状なのである。

日本政府は「悪魔」が起こした「不幸な戦争」に襲われ、現実に「国」が存在するのにも関わらず、ウクライナ（Ukraina）のことなど無関心を決め込んでいる。ウクライナのことなど我関せず、知らん顔をして、国民が望まなくても「国葬」を決行し、膨大な費用を使い、なぜか自衛隊の「基地の地下化」や一発五億円もする中古の「トマホーク」(BGM-109 Tomahawk) を五百発買い入れるようにアメリカ軍と話を進めているのである。つまり、政府は「人の死」を金で眩まし、財界の餌にし、戦車や潜水艦などの武器でも原爆でも原子力でも食い物に提供するのだ。

人間としての品性はどこにあるのか、腹立たしい限りだ。

その行為の腹立たしさの原因は現金本位の日本の新資本主義にあるからだ。国民の希望や考え方など、「どこ吹く風」とまったく無関係、まったく無視。否応なしに「国葬」は国家事業として自動的に動き、実行されるのである。

考えてみると、今の日本は「国賊」であっても、まったく調査せず、「臭い物に蓋をする」的な思考回路で、世の中のことには「いっさい関知せず」に、一日も早く「国葬」にしてしまうこと、日本国政府が行うイベント「善」(Zen) なのだ。

恐ろしい国だ。

Session 3　悪魔の肉体に銃弾をぶち撒いた「テロリスト」の独白。

前内閣総理大臣安倍晋三は「テロリスト」山上徹也によって「暗殺」された。二〇二二年（令和四年）七月八日午前十一時三十七分。近鉄奈良線西大寺駅前広場にて、銃撃され、射殺されたのだ。「暗殺」である。

「テロリスト」は、重い引き金を絞り、「悪魔の存在」安倍晋三の肉体を容赦なく打ち砕いたのだ。そこには、残酷な力と激しい感情が満ち溢れていた。その残酷な力は「八年八ヵ月」の長期にわたって日本の最高権力者の座にあった安倍晋三の肉体に「怒りの銃弾」を叩き込み「死」を与えたのだ。

それだけではない。明治維新以降、日本に封建的風土にこびりついた政治思想を百年も維持してきた元凶の「安倍一族」の成敗を行ったのだ。この一族の生存の根を切断したのが、この「暗殺」だったのである。

「暗殺」の「革命的な行為」が一気に辺りを燃やし続けている。

この行為は自らの人生を総て打ち込み、手製の銃の引き金を絞った「テロリスト」山上徹也

(Ymagami Tetsuya) は四十一歳であった。

生まれは奈良。優秀な奈良県立郡山高等学校に通った。父は京都大学工学部を卒業し土質に関する技術士だったが結婚を機に、地元で建築業を営んでいた妻の家業を手伝うようになる。山上徹也には学力試験の結果からみると、父と同じ大学に入学が可能な学力があったという。

だが、父が自殺し、自らの進む道を捨てたのである。大きな理由は母親の宗教的行為であった。その行為は山上家の経済も精神も破綻させ、進学を諦めるほどだったのだ。反動か山上徹也は、自衛官の道を選んだのである。山上徹也は長崎の海上自衛隊佐世保教育隊に入隊した。四ヵ月後、広島海上自衛隊呉基地に移り、護衛艦「まつゆき」で艦載兵器を取り扱う砲雷科に配属された。江田島の海上自衛隊第一術科学校の総務課に移り、三年間、海上自衛隊広島呉駐屯地に勤め、任期満了で退官したのだ。

ここに「テロリスト」が投稿したＷｅｂ (World Wide Web) がある。そのＷｅｂに、「テロリスト」が安倍晋三を「暗殺」しなければならなかった理由が微かに感じられたので、転記する。投稿された日時は二〇二〇年 (令和二年) 一月二十六日、午後十時五十八分。

Ｗｅｂの内容は以下である。

「オレが十四歳の時、家族は破綻を迎えた。宗教の存在だ」

「宗教の本分は、家族に家族から窃盗、横領、特殊詐欺などを行わせ、巻き上げさせたアガリをすべて上納させることだ」

「祖父は七十歳を超え、まだ、バブル崩壊に苦しんでいる母に怒りを持って面倒を見ている」

「いや、絶望したと言う方が正しい」

「オレが包丁を持ったのはその時だ」

「母は教会の信者となり、多額、約一億数千万円を献金し、破産したと言われている」

「それに兄は子どもの頃から、癌を患い、病院に入り、自らの人生を考えていたが、父の自殺を知り、愕然、自らも自分の命を絶ったのだ」

「父と兄の自殺。家庭は無茶苦茶に」

そんな破壊的な家庭を顧みず、母親は子どもを日本に残したまま、自らを破滅に追い込んだ信者たちに導かれて、韓国ソウルの華麗なる教団へ、祈りの旅に出かけていたのだ。「テロリスト」の双肩には信じられない苛酷な現実が押し包んでいたのだ。母親はなぜ、一億数千万円の金を教団に寄付したのか。

その理由が不明である。

母親は無謀にも「宗教法人」から「壺」「位牌」「朝鮮人参」「聖書」などを買い漁り、その膨大な代金の支払いをカードで狂ったように払ったのだ。父親は奈良県内で建築会社を経営していたが、そんな母親を見ていたが、なにを考えていたのか。いかに生きるべきか、途方に暮れ、生活が狂い出していたのだ。母親の絶望的な宗教への「狂った行為」に父親も崩れ、精神状況に耐えられなくなった。

意味、不明。

父親はある日、家族が住んでいたマンションから窓の外に無造作に歩き出し、下界に飛び出し、この世を去ったのだ。飛び降り自殺だ。

独人になった「テロリスト」は、奈良市内の四畳帖半の部屋で暮らし出していた。同じく一人になった妹は、奈良の親戚の家で暮らしているとのことだ。

奈良県警の取り調べに対して山上は、こう答えている。「母親が教会に入信、約一億数千万円を献金したことで山上家は破産してしまった」「そのうえ、父と兄が自殺」「家庭生活が滅茶苦茶になり、その歴史を探ると幾多の案件に関連性があった。その予測される先に安倍晋三の存在があった」

つまり、安倍晋三は総ての元凶と言われている岸信介の血族だからだ。「テロリスト」は、「この血族を絶対に成敗し、血祭りに上げなければならない」と決意した。このように、「テロリスト」と「教会」との間に「深い傷」が無残にも横たわっていたのだ。

奈良西警察署は二〇二二年（令和四年）七月八日十七時十五分から深夜にかけて、「テロリスト」の男の自宅マンションの家宅捜査を行った。自宅からは「テロリスト」の手製の複数の銃や爆発物が発見された。捜査には爆発が起こる可能性が有るので、近隣住民に対して一時的に避難が呼びかけられた。

その後押収されたパソコンには、武器製造に関するウェブサイトの閲覧履歴などが残されていた。押収された手製の銃は長さ約四十センチ、高さ約二十センチで、市販の金属製の筒を二重に重ねて「木製の板」とテープで固定されていた。それぞれの筒には六個の弾丸が込められたカプセルが入っていて、電池を使って火薬に着火させ、一回の発射で筒から六個の弾丸が飛び出す散弾銃の仕組みになっていた。この事件では計十二個の弾丸が発射され、その内、少なくとも二発が元総理大臣安倍晋三に命中したのだ。

さて、この事件には我々には納得がいかないことが多々ある。なぜなら、すべての発信データが関係者の頭脳の中なのだ。そして、このような案件はその場では決して決定しない。「闇」の中に消すのだ。このままだと、「誰が誰に、いつ、幾ら献金したのか」明確ではない。いや、明確である必要性が、「教会」にはないのだ。「テロリスト」が知りたい案件が霧散し、腐敗しているのだ。

母親が、「教会」になにが目的で、いつ、いくら献金したのか、知る必要がある。だが、お金を渡したらまるで、その行為そのものの意味がないことのように「闇」の中に消えるのだ。それも半端な金額ではない。億単位の献金が、一瞬にして消えるのだ。

まるで魔術だ。

母親はこの金をどのように手に入れたのか。自殺した父の財産なのか。それとも、経営していた建設会社の土地や資産なのか。知りたいがいっさい不明なのである。たしかに、母親は銀行に相談して資金をつくり、「教会」に献金した。そして単身、韓国に渡り、ソウルの近郊の京畿道加平郡の山間部に建設されている世界ナンバーワンと言われる「教会」の聖地、「清心平和ワールドセンター」に宿泊。献金、信仰三昧に何日間も明け暮れているのだ。

ここに大きな「闇」がある。

献金した資金はどこから湧いて出たのか。銀行なのか。いや、日本以外の、例えば韓国の銀行なのか、アメリカやカナダの銀行なのかいっさい、不明なのだ。でも、何億、何十億の円やドル、ウォンが個人の銀行口座からは湧いては出ない。これはマジックか、異常なシステムである。

ここにも、「教会」の「闇」が出現すのだ。

例えば事が起こる。「テロリスト」の母が「教会」に献金したい。だが、現金はない。でも、目の前に土地やマンションがある。それを現金化したい。どこの誰に相談すれば良いのか。現金にするのは担保と保証人が必要なのか。それともマジックが必要なのか。それに現金は日本円なのか、USドルなのか、それとも韓国ウォンなのか。いや、それとも香港ドルなのか。シンガポールドルなのか。

「テロリスト」の母親は献金をどこで、いかにつくり、調達したのか。土地をそのまま「教会」に持ち込み、誰かが「円」か「ウォン」、「ドル」に換えてくれたのか。これは不明だ。

まさか、大阪や京都の大銀行が専門分野で関係していたのか。はたまた、社会の裏に生息するブラックな金融業者なのか。それともモグリの金貸しの金融業者、不動産業者なのか、闇の中だ。体験したこともない、異様なアンタッチャブルの世界なのか。

さて、「テロリスト」の話によれば、父が自殺して母親の生活が破滅的だったので、伯父が家族を支援していたという。伯父はかつて弁護士であった。その弁護士の記憶をもとに「教会」への献金を整理してみると謎だらけだ。一九八四年（昭和五十九年）十月に、母親は奈良市内の三ヵ所にある宅地と子どもといっしょに暮らしていた住宅を合わせて売却したのだ。

この行為がこの家庭の「闇」入り口なのだ。

その「闇」は「教会」との関係の中で複雑に入り乱れてくる。伯父の手元の献金リストを元本に母親の献金リストを作成してみた。これは、母の奇行であり、自尊心の保持のための行動なのか。つまり、父親の自殺の保険金五千万円までを献金したのだ。だが、なぜかこの献金で母親の口座が破産してしまった。

それを知った「教会」から返金された。金額は月に三十万円から四十万円ほどで、母親への現金による手渡しで行われたとされる。だが、月三十万円、四十万円と返済されても、五千万円までには、ふつうに数十年かかる。帳簿上、「教会」から母親に返金されたとなっているが、その後、「教会」側の献金催促が激しく、母親はその催促に堪えきれず、銀行や不動産業者などと組み、五千万円を献金したとのことだというのなら信じられる。

その献金をプラスすると母親が「教会」への献金した総額は一億三千万円にもなる。巨額だ。二〇〇六年（平成十八年）に母親は、親族から経営を引き継いだ建設会社を解散、土地を売り払い、「教会」に献金していた。母親は「教会」の誘いにのり、ソウル近郊の京幾道加平郡の山間部に聳える世界最大の「清心平和ワールドセンター」の「本部」や「宿泊施設」に日参していたのだ。

だが、これだけの金額を献金して「テロリスト」の母親には具体的なメリットがあったのか。それは不明だ。明らかにすることは「教会」の「謎」であり、「闇」である。

「テロリスト」の母親は二〇〇九年（平成二十一年）頃に「教会」と距離をおいていたが、その後、「教会」と再び連絡を取り始め、月一回ほど「教会」のイベントに参加しだしていた。

「テロリスト」は母親の宗教活動再開を把握していた。その一つが、「教会」創設者の文鮮明（Sun Myung Moon）が死去し、現在、教団の絶対的権力者は妻の韓鶴子（Han Hak-ja）の動行との連動である。その韓鶴子が二〇〇六年（平成十八年）三月、韓国ソウルから来日した。

来日の目的は二つあった。一つは名古屋で開催された「ジャパンサミット&リーダーシップカンファレンス」に出席するためであった。そしてもう一つが、翌六日に愛知県常滑市の国際展示場で開催される「孝情文化祝福フェスティバル名古屋四万名大会」に韓鶴子が発言者として参加するためであった。

「テロリスト」は「教会」に母親が参加する目的を理解していた。つまり、来日した韓鶴子に直接コンタクトを取り、より深い関係を結ぶことであると考えていた。この日、「テロリスト」は韓鶴子に接触したいがため、常滑（Tokoname）市の展示場に向かっていた。だが、厳重な警戒網が敷かれ、「教会」のメンバーだけが会場内に入ることが可能であった。「テロリスト」は、会議やシンポジュームなどのパンフレットを収拾し、集まる日や場所を分析し、「すべての元凶は安倍にあり」とした。

もし、生きていれば、「処刑」に値するのが岸信介だ。

だが、「テロリスト」はある疑惑を持っていた。それは戦後、激動の韓国から激動の日本に来た文鮮明の行動である。文鮮明に対して日本への入国許可を出したのはいったい、いつ、誰なのか。それに強烈な布教行為に対して、「誰が許可」を出し、「誰が行動資金を調達した」のか。

当時、文鮮明は日本への入国は法律的には不可能であった。だが、アメリカのCIAやGHQなどのメンバーか、日本のメンバーに様々な特権を与えて文鮮明に入国を許可していたのだ。当然、「テロリスト」は岸信介と金丸信（Kanamaru Shin）は文鮮明に便宜を図っていたと結論づけた。ゆえに「処刑」に値すると考えていた。でも、現在、元凶である文鮮明も岸信介、自民党の金丸信も現世にはいない。

そして、もう一人、処刑に値する人間がいた。それは安倍晋三の父・安倍晋太郎（Abe Shintaro）である。晋太郎は岸信介の言いなりになり、文鮮明の便宜を図ったのだ。しかし、この男もこの世を去っていた。

だが、もう一人、この世に「生きた元凶」がいた。元祖「元凶」岸信介の孫・安倍晋三であった。今回、「テロリスト」は安倍晋三を「元凶」として判断し「処刑」したのだ。当然だが、「テロリスト」は安倍晋三の行動や発言に関して、怒りを持って観察し、もし、その場で安倍晋三を

「処刑」できれば決行したいと思っていた。つまり、安倍晋三は「教会」の様々なルートを使い、様々な大会にメッセージやチラシを送り、教会への称賛エールまで送っていたのだ。

そんな状況を「テロリスト」は、「安倍晋三は節操がない」とうらんでいた。「暗殺」は「謎」と「魔」が纏わりついた異様な空気感を感じさせ、「テロリスト」の行為は「強烈な殺意」に満ち溢れていたのだ。

「テロリスト」はなにを考え、なにを思い、自らの命を賭け、重い引き金を絞り、「悪魔の存在」の安倍晋三の肉体を容赦なく打ち砕いたのか。そこには、残酷な力と激しい感情が満ちている。その残酷な力は八年八ヵ月にわたって日本の最高権力者であった安倍晋三の肉体に「怒りの銃弾」を叩き込み「死」を与えたのだ。

それだけではない。

明治の維新以降、日本にこびりついた日本の封建的風土に政治思想を百年も維持してきた元凶である「安倍一族」。この一族の生存の根を切断した「暗殺」。「暗殺」は「革命的な行為」が辺りを燃やし続けているのだ。自らの人生をすべて打ち込み、手製の銃の引き金を絞った「テロリスト」山上徹也は四十一歳であった。

事件後、数時間経過した中で、理由が徐々に判明してきた。その理由がこの数十年間の日本人と朝鮮民族の中に、まるで北朝鮮と南朝鮮を分断している軍事警戒線のように、深く埋もれていたのだ。

奈良県警の取り調べに対して、「母親が統一教会に入信、約二億数千万円を献金したことで山上家は破産してしまった」「そのうえ、父と兄が自殺」「家庭生活が滅茶苦茶になり、その歴史を探ると幾多の案件に関連性があったと予測される先に安倍晋三の存在があった」と供述したという。

つまり、安倍晋三はすべての元凶と言われている岸信介の血族だからだ。その血族は絶対に成敗し、血祭りに上げなければならない。なぜならすべての発信データが文鮮明の頭脳の中なのだ。だが、お金を渡したらまるで、その行為が「闇」の中に消えるのだ。

「テロリスト」山上徹也の伯父の話によれば、母親の生活が破滅的だったので、父親が自殺してからは伯父が家族を支援していたという。

伯父の記憶をもとに「統一教会」への献金を整理すると謎だらけである。伯父の手元の献金リストを元に母親の献金リストを加えてリスト化にしてみると闇だ。これは、母の奇行であり、自尊心の保持のための行動なのか。

では、献金の日時、金額だけでも追ってみる。

一九九四年（平成六年）に一千万円。

その数日後に、三千万円。

一九九八年（平成十年）に四千万円。

一九九九年（平成十一年）六月、土地などの売却で得た資金や、父親の自殺で支払われた生命保険金五千万円など合わせて一億円。

その四ヵ月後、十月、「統一教会」に二千万円。

二〇〇二年（平成十四年）八月、「統一教会」への一億円の献金が原因で母親の口座が自己破産。

以上、集計すると母親の「統一教会」に対しての献金は二億円。

二〇〇五年（平成十五年）から二〇一六年（平成二十六年）の間に、「統一教会」側が五千万円を母親に返金したとされている。だが、母親によればその五千万円も、再び「統一教会」に献金したと説明している。

巨額だ。

「統一教会」は「謎」であり、「闇」である。「テロリスト」の母親は二〇〇九年（平成二十一年）頃は「統一教会」と距離を置いていたが、その後、再び連絡を取り始め、月一回ほど「統一教会」のイベントに参加しだしていた。

今回、「テロリスト」山上徹也は安倍晋三を「統一教会」の「悪の元凶」のひとりと判断し、「処刑」したのである。当然だが、山上徹也は安倍晋三の行動や発言に関して、怒りを持って観察し、もし、その場で安倍晋三を「処刑」できれば決行したいと思っていた。

安倍晋三は「統一教会」の様々な大会に、ビデオ・メッセージやチラシで、称賛エールを送っていたのだ。そんな状況を「テロリスト」山上徹也は、「安倍晋三は節操がない。嘘つきだ。ガラガラ蛇みたいに、変身する。信用できない」と怒りに震えた。憎悪は渦巻き状に溢れ出していた。

「暗殺」者、山上徹也は「統一教会」の様々な虚構に関して、すべて破棄する。真実はただ一つ、安倍晋三を処刑した手製の銃弾だけである。

Session 4　平家滅亡海峡！「浄土の世界」と義経「暗殺」

時の流れは怖く、残酷なものだ。すべて、浄土の教えの中にある。

日本列島の最西端山口県の下関と九州門司を隔てる海峡がある。「関門海峡」(Kanmon Kaikyo) である。この海峡一帯は岸信介、佐藤栄作、安倍晋三など岸一族、安倍一族、佐藤一族が生存した場所だ。つまり、岸信介も佐藤栄作も安倍晋太郎、その子の安倍晋三が育ち、国政に出るために多くの住民たちから、票を集めて国会の赤絨毯を踏んだ場所である。

それに下関にはもう一つ鋭い海峡がある。それは太古の昔から親潮煙る日本海を鋭く朝鮮半島に渡る「朝鮮海峡」である。現在、この海峡を走る「関釜フェリー」の着く港は韓国・釜山。名曲『釜山港へ帰れ』の港町であり、白菜キムチ漬けとドブロクである。フェリー乗客のほとんどが韓国人か日本に関係の深い韓国人だ。

この海峡の歴史は古く、「白村江 (Hakusonko) の戦」など多くの古来人たちが日本と韓国の間を往復し、多くの文化を日本に運び、日本文化を朝鮮半島から中国大陸へと運んでいたのである。

日本海と瀬戸内海の海水が流れ込み「関門海峡」の流れは速く複雑で大きな癖があり、激しい。海峡の最深部、一番深い所は水深約四十数メートルにもなるという。それに幅は約六百メートル。狭まる場所は「早鞆（Hayatomo）ノ瀬戸」と言われ瀬の流れが激しく、船の航行は激しい。

この海峡の中に二つの島がある。一つの島の名は船島（Funajima）である。今は巌流島（Ganryujima）と言われている。船島は彦島の東岸二百五十メートルほどの海洋にあり、北端に小山がある他は平らな島である。以前は二、三十人前後の人が住んでいたと言われているが、現在は「武蔵と小次郎」の決闘の場と指定された彫刻があるだけの無人島である。かつてこの島で、「二刀流の剣豪」宮本武蔵（Miyamoto Musashi）と「身の丈もある長刀」「燕返し」の秘剣を操る「幻の剣士」佐々木小次郎（Sasaki Kojiro）が決闘を行った場所と知られている。島の名は宮本武蔵に敗れた佐々木小次郎の剣の流儀「巌流」をとって「巌流島」と呼ばれるようになった。この場所「巌流島」は歴史小説『三国志』『親鸞』『鳴門秘帖』などの時代劇の大家吉川英治（Yoshikawa Eiji）の超力作『宮本武蔵』で、武蔵と小次郎が決闘を行った島であることで知られる。

もう一つの島の名が「彦島」（Hikoshima）である。

かつてこの「彦島」を舞台にした悲しい物語が展開された。物語は源氏と平家が激突した「壇ノ浦（Dannoura）の戦い」である。

関東の鎌倉に幕府を構えた源氏の総大将源頼朝（Minamotono Yoritomo）。対する平家の頭は京の都に栄華を誇る平清盛（Tairano Kiyomori）。この両雄が今から千年前の一一八〇年（治承四年）四月、後白河法皇の皇子以仁王（Mochihito-o）が「平家追討」の挙兵を計画、諸国の源氏武士や大寺社に蜂起を促す令旨を発した。この計画は準備不足。計画中途で露見。追討を受け、以仁王と源頼政（Yorimasa）は宇治平等院（Uji Byodoin）の戦いで「暗殺」敗死、早期に鎮圧された。

しかしこれを契機に諸国の反平家勢力が兵を挙げ、全国的な動乱が始まったのである。治承四年、源頼朝、それに源一族の木曽義仲（Kiso Yoshinaka）にも平家追討の令主旨が下る。源頼朝は北條家の応援を得て伊豆に兵を上げる。しかし、静岡の石橋山の合戦で惨敗。房総の安房（Awa）に逃れ、地元の武将たちの勢力で力を増し、鎌倉に本拠を構える。

また、平清盛が派兵した源氏追討軍を迎え撃つ頼朝軍が駿河国の富士川で対戦したが、源氏の大群に恐れをなし、平家軍は戦わずして敗走した。

一一八三年（寿永二年）五月、信州源氏の木曽義仲と妻の巴御前（Tomoe Gozen）が率いる源氏軍は平家軍に策略を仕掛けた。数百頭の牛の角に松明を括りつけ、四方に木曽義仲率いる源氏軍が陣取り、深夜、松明をつけ四百数十頭の牛を富山と金沢の境にある難所倶利伽羅峠(Kurikaratoge）山中の平家軍本陣に突入させたのである。

奇襲を受けた平家の本陣は大混乱。平家軍は、逃げ場を失い、樹木が生い茂る倶利伽羅峠の谷に次々と転落していった。壊滅状態の平家軍は、四国の屋島（Yashima）を拠点に置き、立て直しつつあった。だが、軍を進めた木曽義仲は瀬戸内海の水島（Mizushima）で平家軍と激突した。結果は海上戦を得意とする平家軍団が勝利した。

この戦いに新たな戦士が登場した。源義経（Yoshitsune）である。義経は、鎌倉幕府初代将軍源頼朝（Yoshitomo）の異母兄。仮名は九郎（Kuro）、実名は義経であった。河内源氏の源義朝の九男として生まれ、幼名を牛若丸（Ushiwakamaru）といった。

平治の乱で父が敗死、京都の鞍馬寺（Kuramadera）に預けられたが、東北の平泉（Hiraizumi）の中尊寺（chusonji）へ下り、奥州藤原氏の当主藤原秀衡の庇護を受けたのである。

兄頼朝が平家打倒の兵を挙げるとそれに馳せ参じ、「一の谷」「屋島」の戦いに参加、平家軍を大混乱させ、瀬戸内の海上へ追いやったのだ。また、源氏が山陽道に点在する平家の拠点を次々破り、一ノ谷の戦いで敗れた平家は、瀬戸内海を渡り、讃岐（Sanuki）の屋島に撤退した。だが、平家軍は海側からの源氏軍の攻撃に備えていたところ、源義経は大阪摂津（Settu）から海路四国阿波に渡り、陸路で背後から平家軍を急襲したのだ。

源平合戦の最後の舞台は関門海峡の壇之浦であった。壇之浦の戦いの序盤戦は平家軍が優勢だった。だが、海峡の潮流の変化が源氏に味方して次第に形成が逆転しだしていた。平家一族が互いの勇姿を競い合った源平合戦の場「壇ノ浦」は源頼朝の鎌倉源氏軍によって平家一族は海上戦での戦いで追い落とされた。最期の決戦の場と定めた「壇ノ浦の戦い」は激流の中、源氏軍と平家軍が激しく攻め合ったのだ。

壇之浦の目の前には原生林が生い茂る満珠樹林（Manju-Jurin）・千珠樹林（Senju-Jurin）の島があった。義経はその原始林を見ながら禁じ手を使った。それは当時の海戦では禁じられていた船を操る船頭への攻撃であった。知恵者、不利を悟った義経は敵船の水手、漕ぎ手を射るよう命じた。だが、関門海峡の潮の流れの変化が激しく、水軍の運用に長けた平氏軍はこれを熟知しており、早い潮の流れに乗って散々に矢を射かけて、海戦に慣れない坂東武者の源義経軍を押していた。

四国伊予（Iyo）の河野水軍。紀伊（Kii）の国の紀伊水軍など八百四十隻も味方につけて、合戦前の軍議で軍艦は合戦の先陣になることを望むが、義経は自らが先陣に立つと刎ねつけ、その後、この行為が大きな問題となった。

この「壇ノ浦の戦い」を描いた『平家物語』の「先帝身投」の描写では、幼い帝は「壇ノ浦の激しい流れ」に入水した母方祖母二位尼（Niinoama）（平清盛の妻・平時子）に船の上で抱き上げられ、幼い安徳（Antoku）天皇は「わたしをどこへ連れて行こうとするのか?」と問う。

二位尼は涙を堪えて、「君は前世の修行によって天子としてお生まれになりましたが、悪縁に引かれ、御運はもはや尽きてしまわれました。この世は辛く厭わしいところですから、極楽浄土という結構なところにお連れ申すのです」と言い聞かせる。

幼い帝は、手を合わせた。二位尼は、「波の下にも都（Miyako）がございます」と言い、まだ八歳にもならない第八十一代安徳天皇を抱いたまま壇ノ浦の急流に身を投じた。「奢（Ogoru）

る平家は久しからず」

八歳の安徳天皇を擁護する平家一門と源氏一族の若き武将源義経が死闘を展開した。結果、平家一門は敗れ、幼帝の安徳天皇、それに母の建礼門院（Kenreimonin）、祖母二位尼（建礼門院の母）たちが命を捨て、激しい壇ノ浦の瀬に入水、平家一族は滅亡した。「彦島」の戦いであった。「彦島」は一一八五年（寿永四年）に起こった源平合戦の「壇ノ浦の戦い」で平家一門と共に「都」を追われ、瀬戸内海に逃れていた八歳の幼帝安徳天皇が一時、棲家とした島でもあった。安徳天皇は一一七八年（治承二年）十一月十二日に生まれた。生後まもない十二月十五日に立太子。翌年二月二十一日で践祚（Senso）し、四月二十二日に即位。父は高倉天皇、母は平清盛の子平徳子（Taira Tokuko）、後の建礼門院である。

平氏の船団は壊乱状態になり、やがて勝敗は決した。剛の者は、鬼神の如く戦い坂東武者を多数討つが、知盛（Tomomori）が既に勝敗は決したから罪作りなことはするなと伝えた。戦いは終結した。源氏軍は三万余騎をもって陸地に布陣して平氏の退路を塞ぎ、岸から遠矢を射かけて義経軍を支援した。

この壇ノ浦の戦いにより、平氏の二十五年にわたる華麗なる平家政権は幕を閉じた。勝利を収めた清和源氏の頭領・源頼朝は、鎌倉に幕府を開き武家政権を確立させたのである。壇之浦の戦いが終わり、義経は京に凱旋した。後白河法皇（Goshirakawa houou）はこれを賞して義経とその配下の御家人たちを任官させた。

これを知った鎌倉の頼朝は激怒。任官した者たちの東国への帰還を禁じたのである。さらに、九州に残っていた梶原景時（Kajiwara Kagetoki）から頼朝へ、平氏追討の戦いの最中の義経の「驕慢と専横」を訴える書状が届き、義経が平時忠（Tairano Tokitada）の娘を娶ったことも知らされ、頼朝を怒らせた。

元暦二年五月、命令に反して義経は、父子を護送する名目で鎌倉へ向かうが、途中で止められた。平宗盛（Munemori）父子のみが鎌倉へ送られ頼朝と対面する。義経は詫び状（腰越状）を書いて頼朝へ許しを乞うが、同年六月に宗盛父子とともに京へ追い返されてしまう。宗盛父子は京への帰還途上の近江の国で斬首された。

その後、義経と頼朝との対立が激化。義経は同年十月に後白河法皇に奏上して、「頼朝追討」の宣旨を出させて挙兵するが失敗。義経は逆に追討の宣旨を出されて没落。奥州藤原氏のもとへ逃れる。

義経は文治五年四月に平泉の中尊寺金色堂（Konjikidou）で命を絶たれた。三十一歳。義経の三歳の子と共に妻の静御前（Shizuka Gozen）も「暗殺」されたのである。

さて、義経が都落ちした先、東北平泉は十一世紀末に、奥州藤原氏の初代藤原清衡（Kiyohira）によって築かれた。かつて、悲惨な戦争を経験した清衡は、亡くなった人々の鎮魂と平和の実現を目指して、この世の平泉に「浄土の世界」を作り上げようとした。平穏で豊かな平泉の黄金文化は、清衡と息子の基衡（Motohira）、そして孫の秀衡（Hidehira）、ひ孫の泰衡（Yasuhira）

の四代百年にわたって続いた「浄土の世界」であった。

だが、鎌倉の頼朝は義経討伐の軍事行動を行い「浄土の世界」を破壊するとの通告があった。「浄土の世界」の破壊やむ無しとして、進軍を待ち望んだのである。源頼朝は「浄土の世界」を惜しみながら義経を打ち取った。源平の戦いは終わりを迎えていた。

平家の統領平清盛は病に倒れ、死期を悟った清盛は、死後はすべて子供の宗盛（Munemori）に任せてあるので、宗盛と協力して政務を行うよう法皇に奏上したが、返答がなかったため、恨みを残して、「天下の事は宗盛に任せ、異論あるべからず」と言い残したとされる。同年二月四日、平清盛は京都鴨川東岸にある屋敷で死んだ。享年六十四。

また、「源平合戦」の当事者源頼朝は相模川で催された橋供養からの帰路で体調を崩す。原因は落馬とも病気とも言われるが定かではない。

「暗殺」か。正月十三日に死去した。享年五十三。

そして「源平合戦の裏の仕掛け人的な存在」の後白河法皇は、第七十四代鳥羽天皇の第四皇子として生まれ、近衛天皇の急死によって皇位を継ぎ、その後三十四年にわたって院政を行った。その治世は幾多の乱が相次ぎ、幾度となく幽閉、院政停止に追い込まれたが、そのたびに復権を果たしてきた。

仏教を厚く信奉して晩年は奈良の東大寺の大仏再建に積極的に取り組んだ。崩御は一一九二年（建久三年）三月十三日。京都九条殿。

さて、江戸末期になると巷の芝居や戯曲に義経物が登場し、東北ブームが起こった。本や芝居では義経の生き様を悲劇と捉え、「兄頼朝に裏切られ殺された！」と言う話が広がり、そのうえ、義経は北海道から樺太、モンゴルに渡り、成吉思汗（Jingisukan）になったという英雄伝説が流れだしたのだ。

そんなお好みの一本の芝居がある。『義経千本桜』である。一七四七年（延享四年）十一月、大坂竹本座にて初演。「人形浄瑠璃」および「歌舞伎」の演目。『大物船矢倉／吉野花矢倉』の角書きがつく。通称『千本桜』であった。源平合戦後の源義経の「都落ち」をきっかけに、実は生き延びていた平家の武将たちとそれに巻き込まれた者たちの悲劇を描く義経物。

大坂の「判官卑怯」の人気を博し、江戸でも公演が行われた。

それほど「義経」は隠れ人気があったのだ。

Session 5 「天下布武」大量虐殺、信長。石山本願寺と自らの滅亡の系譜。

一五六〇年（永禄三年）、信長は「桶狭間（Okehazama）の戦い」において駿河の戦国大名今川義元（Imagawa Yoshimoto）を撃破した。その裏技か、ドラマ『どうする家康』で活躍する三河の領主徳川家康（Tokugawa Ieyashu）と同盟を結び、尾張地方の統一を達成した。

一方、室町幕府の将軍足利義輝（Ashikaga Yoshiteru）が「暗殺」され、信長は将軍なき後の京の都への上洛を計画したのだ。一五六六年（永禄九年）には、信長は尾張、美濃（Mino）の二ヵ国を領する戦国大名として、「天下布武」（Tenkafubu）の旗印を掲げ、出陣したのである。信長の出陣の旗頭「天下布武」とは、信長が理想として掲げる、「武力を以て天下を取る」、この旗頭の傍若無人（Bojakubujin）さは、大坂から瀬戸内海を生きる海の男たちをも天下人として驚かせた。

信長は室町幕府の将軍足利義昭（Yoshiaki）とともに上洛、三好三人衆三好長逸、三好政康、岩成友通を撃破して、室町幕府の再興を果たしたのだ。だが、信長への敵対勢力が多く、一刻も剣を収める暇は無かった。

その代表的な相手は石山本願寺の一向一揆（Ikkoikki）衆だった。まさに、厄介なのは各地に散在する宗教関係者たちの武闘集団であった。

甲羅の固いカニをバリバリと噛み砕く、名物ハモ鍋や刺身を食べつくす京都の比叡山延暦寺（Hieizan Enryakuji）の僧兵たち。それと和歌山の紀ノ川周辺を活動の場としている忍者宗教集団（傭兵集団）雑賀衆と、根来寺を根拠にしている忍者集団根来衆などであった。

また、高野山に百数十寺院の宗教空間を開いていた空海弘法大師の真言宗金剛峯寺。さらに紀伊半島の山岳地帯を活動の場としている神道系の修験道熊野大社の猛者たちなど、名古屋周辺で生まれ育った織田信長には宗教の異空間である。「抹香臭さ」を嫌う信長にとっては天敵的な集団であり、それも信長と十一年間も戦ったのが石山本願寺の一向一揆門徒衆たちであった。

石山本願寺は戦国時代初期から安土桃山時代にかけての丘に、摂津（Settu）国東成郡生玉（Ikutama）荘大坂に居所を構える浄土真宗の寺院である。その丘は古代からの港湾都市大坂の国内流通の中心地で、港として住吉津や難波津、渡辺津などがあった。

その寺地は「寺内町（Jinaimachi）」と呼ばれ、上町台地の北端の小高い丘にあった。最盛期には十町が「寺内町」となり、寺域を含め完全な領主権を確保し、戦国大名に匹敵する独立王国を築きあげていた。寺内町の生活は統制され、各町にある番屋には高札が掲げられていた。

この時、証如（Syonyo）は大坂にいたが、このまま寺基を移し石山本願寺時代が始まったのである。京都の山科本願寺から持ち出された祖像が転々とし、ようやく鎮座した。この間も細川晴元と石山本願寺との戦いは続き、石山本願寺では坊官の下間頼盛が指揮官として赴任し、紀伊の一向門徒衆にも援軍を要請したりしていたが、山科本願寺の戦いから約四年後、ようやく両者で和議が成立する。下間頼盛は一揆を扇動した罪で兄の下間頼秀と共に本願寺から追放され、後に「暗殺」された。細川晴元らとの抗争の中で石山本願寺は寺領を拡大し、城郭の技術者を集め、周囲に堀や土塁を築き、塀、柵をめぐらし「寺内町」として防備を固めていった。

このように石山本願寺は証如時代にすでに要害堅固な城郭都市に至ったと考えられている。証如から本願寺第十一世法主顕如（Kennyo）の時代となり、西日本、北陸地域の一向宗徒の勢力と、富の蓄積も拡大していった。石山本願寺は多数の門徒とその門徒がもたらす財力を有していたことがわかる。

第十世法主証如期には中央権門や戦国大名家への外交も展開されており、中央権門では天皇・公家衆へ接近を強め、東国の戦国大名家では甲斐国の武田氏、相模の北條家親子と親交を結ぶ。そして三条公の三女如春尼を法敵ともなっていた六角定頼の養女にし細川晴元の養女としたうえで顕如の正室に迎え入れた。こうして戦国大名と同盟を結んでいき基盤の安定を整えて、石山本願寺の絶頂期をむかえていた。

しかし、その前に立ちはだかったのが織田信長である。織田信長は上洛直後に石山本願寺に対して矢銭五千貫を要求した。また一五七〇年（元亀元年）正月に石山本願寺の明け渡しを要求したのだ。これに対して顕如は矢銭五千貫は払ったが、明け渡しに対しては「無法」と感じ、全国の門徒衆に対して、石山本願寺防衛のため武器を携え大坂に集結するように指示を出した。

ここから石山合戦が蜂起し、これ以降、石山本願寺と織田信長の戦いは、連続した戦闘だけではなく、和睦戦術を交え途中断続し、両勢力とも同盟勢力の拡大をはかりながら十一年間も続いたのである。

まず、信長は、「一乗谷城の戦い」において朝倉義景（Asakura Yoshikage）率いる朝倉軍を追撃して滅亡させる。また「小谷城の戦い」で、城に籠城した浅井長政（Asai Nagamasa）を自害させせる。石山本願寺勢力は同盟関係にある朝倉義景と浅井長政を失うことにより、苦しい状況に追い込まれた。

続いて信長は、一向一揆に対して殲滅戦を開始する。一五七四年（天正二年）九月に長島一向一揆を平定。翌、天正三年八月に越前一向一揆を平定する。信長によるこれらの殲滅戦によって、石山本願寺は次第に追いつめられていった。

顕如は戦局好転の一時的な手段として信長に有利な和睦を申し入れ、信長は受け入れた。この時、信長は、武田勝頼（Takeda Katsuyori）や毛利輝元（Mouri Terumoto）などに挟撃されかねない状態であったため、戦略的にも有利な和睦の申し入れだったのである。

しかし、顕如は各地の門徒衆に檄文を送り、応援を求める。そして、食糧を蓄えたり、弓や鉄砲などの武器を集めたりするなど信長に対して臨戦態勢でいた。顕如は「天王寺砦の戦い」において いったんは信長軍を追い込むものの大敗する。

信長は大坂の周辺に十ヵ所の城を造るように命じ、兵糧攻めに出る。また、住吉方面の沿岸にも砦を設け海上を警固した。本願寺勢力はこれに対抗し、守口、野江、難波、木津などに出城を構え籠城戦に入る。だが、信長による一揆の平定により、諸国の門徒からの救援は乏しく、寺内町として発展していた石山本願寺は食糧不足に陥った。食糧不足を打破するために、顕如の長子である教如（(Kyonyo）は、備後国の鞆の浦に向かい、信長によって京都から追放されていた室町幕府第十五代将軍足利義明（Ashikaga Yoshiaki）の仲介を得て、毛利輝元に本願寺に対する援助を要請した。毛利水軍は雑賀衆とも合流し、石山本願寺へ兵糧搬入しようとする。木津川河口で織田水軍が阻止しようとするものの壊滅的打撃を受け撤退し、兵糧搬入は成功した。

しかし、雑賀衆が信長に降伏。毛利水軍も鉄甲船六隻を擁する九鬼水軍に敗れる。これらの敗戦により制海権が奪われ、石山本願寺への大規模な補給路を断たれ、厳しい籠城戦を強いられることになった。

正親町（Oogimachi）天皇の勅令により調停に出向き、双方の和議が成立した。顕如は別院に向けて退去する。退去を拒んだ雑賀衆の一部とも講和、石山本願寺を明け渡し雑賀に向かった。顕如の長男である教如が退去した直後に堂舎、寺内町が炎上して灰燼に帰した。二日一夜炎上し続けたと伝わっている。

石山本願寺の防衛軍として戦闘し、また日常の警備のため上番してくる門徒は「番衆」と呼ばれていた。この制度は山科本願寺時代より制度化され、石山本願寺時代にさらに充実されている。

堂舎の維持管理を行う「御堂番衆」と呼ばれる者もいたが、警備は番衆が行っており、石山本願寺の「大鼓番屋」と呼ばれる場所に詰めて、平時でも三百兵前後が常駐していた。「太鼓」という名称から、寺内町の合図や時刻を知らせるのも彼らの任務の一つであったと考えられている。弓矢、鑓などの武具は自ら用意し、食料も自弁する「自兵粮衆」、「自飯米衆」と別称で呼ばれているものもいた。これらは個人で用意するのでなく国元から別送されている場合もあった。

番衆は、宗主から元旦に挨拶を受けることになっており、弓持衆、鑓持衆、荷持衆に分かれていた。平時の番衆は、「寺内町」や近所の法安寺で喧嘩がおこった時の仲裁や、土木工事にも従事していた。番衆のすべてが、武器、武具、食料を自弁していたわけではない。出身地から銭が送金され、石山本願寺で購入する場合もあった。寺内町はそのような需要にも応えることができたと思われる。

これら刀鍛冶集団は石山本願寺とも結びつきが強いと推定されている。また、石山本願寺の東部にある河内国北部にも刀鍛冶集団がいた。最も顕著だったのは、堺とその周辺にある刀鍛冶集団が特に結びつきが強いと思われていることだ。これらは現存するものも多く、小ぶりながらも入念に鍛えられ「摩利支尊天」と彫物のある作品もある。技術的には「大和物」、「山城物」とそん色ないと言われている。しかし、これら石山本願寺に刀や槍を供給した刀鍛冶集団も石山本願寺滅亡と共に離散し、新刀を伝える伝統を確立することはできなかった。

本願寺勢力は、守口、野江、難波、木津などに出城を構え籠城戦に入った。やむなく五月七日、早朝には、その軍勢を率いて信長自ら先頭に立ち、天王寺砦を包囲する本願寺勢に攻め入り、信長自身も銃撃され負傷する激戦となった。織田軍は、明智光秀率いる天王寺砦の軍勢との連携・合流に成功し、本願寺勢を撃破し、これを追撃。二千七百人余りを討ち取った。

一五七七年（天正五年）二月、信長は、雑賀衆を討伐するために大軍を率いて出陣、三月に紀州に入ると雑賀衆の頭領雑賀孫一らを降伏させ、紀伊国から撤兵した。信長は尾張の兵を弓衆・鉄砲衆・馬廻衆・小姓衆・小身衆など機動性を持った直属の軍団に編制し、これらを安土に結集させた。このため一五八一年（天正九年）一月、根来寺（Negoroji）と協力して高野聖（Koyahijiri）が一揆を結成し、信長に反抗したのだ。

信長は一族の岸和田城主・織田信張を総大将に任命して高野山攻めを発令。一月三十日には高野聖千八百三十八名を取りおさえ、伊勢や京都七条河原などで大量処刑した。十月二日、信長は根来寺を攻めさせ、三百五十名を処刑した。十月五日には高野山七口から軍も派遣し総攻撃を加えたが、高野山側も果敢に応戦して戦闘は長期化し、討死も多数に上った。

一五八二年（天正十年）、信張にかわって大将となった信孝は高野山に攻撃を加え、百三十一名の高僧と多数の宗徒を処刑した。信長は石山本願寺襲撃に終止符を打ち、新たに「天下布武」を掲げ、四国から西国攻めに出陣を考えていた。その一つが四国の長宗我部攻略である。三男の信孝、重臣の丹羽長秀の軍団を派遣する準備を進めていた。そして、長宗我部元親（Chosokabe Motochika）討伐後に讃岐国を信孝に、阿波国を三好康長に与えることを計画していた。また、伊予国と土佐国に関しては、信長が淡路に赴いた際、その仕置を決める予定であった。

その四国侵攻開始は、六月二日に信孝が淡路に渡海する形で予定されていた。しかし、従来、長宗我部との取次役は明智光秀（Akechi Mitsuhide）が担当してきたため、この四国政策の変更は光秀の立場を危うくするものであった。五月十五日、徳川家康が駿河国加増の礼のため、安土城を訪れていた。そこで、信長は明智光秀に接待役を命じた。光秀は十五日から十七日にわたって、家康を手厚くもてなした。信長の光秀に対する信頼は深かった。

五月十七日、家康接待が続く中、信長は備中高松城の包囲を行っている羽柴秀吉（Hashiba Hideyoshi）の使者から、毛利輝元が自ら出陣し吉川元春や小早川隆景（Kobayakawa Takakage）など毛利の軍勢が接近してきたことが報告され、それに対する援軍の依頼を受けた。報告を受け、信長は自ら出陣して、輝元ら毛利を討ち、九州までも平定するという意向を秀吉に伝えた。信長は自身の出陣に先んじて、光秀を家康の接待役から解き、秀吉への援軍に向かうよう命じた。

従来、信長は中国地方に直接遠征すると考えられてきたが、実際は淡路に渡海して四国を平定したのち、秀吉や光秀らと合流して中国攻めに参加しようと計画していたとされる。他方、信長は四国攻めを担当する信孝の閲兵をするために淡路に渡海し、早くとも五日以降には中国地方に向かう計画であった。

いずれにせよ、信長は四国を平定し、毛利輝元を滅ぼせば、キリシタン大名として知られる大友宗麟（Otomo Sourin）といった九州の諸大名も服属すると考えており、この西国出陣が信長の全国統一に向けた最後の出陣となる可能性があった。信長は西国への出陣のため、安土城留守衆を定めて、小姓衆二十、三十人のみを率いて安土城から上洛し、本能寺に逗留した。嫡子の信忠も信長の出馬を聞き、堺から上洛した。

六月一日、信長は本能寺において、太政大臣や前関白、関白左大臣、右大臣、内大臣、勅使の甘露寺経元、勧修寺晴豊ら公家衆の訪問を受けた。信長は上機嫌で公家衆を歓待し、甲州攻めが思いのほかうまく進んだことを語り、六月四日に自身が西国に出陣することを公表した。

信長はこの一ヵ月の間に多くの門徒衆を虐殺している。この数は異様だ。なんとこの十日で四千人近くの信徒を虐殺している。まさに信長は虐殺魔である。話題に飽いた公家衆が退出したのち、側近衆だけが残り、信長は信忠と久しぶりに親しく雑談した。これが信長父子にとって最後の会話となった。やがて、夜になって散会し、信長は眠りについた。

ところが、秀吉への援軍を命じていたはずの明智光秀が京都に突如進軍し、六月二日未明に本能寺を襲撃した。わずかな手勢しか率いていなかった信長であったが、初めは自ら弓や槍を手に奮闘した。しかし、圧倒的多数の明智軍には敵わず、信長は自ら火を放ち、燃え盛る炎の中で自害して果てた。

「本能寺の変」である。

織田信長享年四十九。

朝、戦いが終わると、明智光秀は織田信長の遺体を探したが、遺体は発見されなかった。六月三日、岡山の高松城を包囲していた羽柴秀吉は信長の死を伝え聞くと、光秀を打倒するため、毛利輝元とすぐさま講和し、備中から京へと引き返した。六月十三日、秀吉は信長の三男・信孝を総大将として光秀に挑み、山崎の戦で明智軍に勝利した。

決戦時の兵力は、羽柴軍二万七千人に対し明智軍一万七千人。兵数は秀吉軍が勝っていたが、天王山と淀川の間の狭い地域には両軍とも三千人程度しか展開できず、合戦が長引けば、明智軍にとって好ましい影響が予想でき、羽柴軍にとって決して楽観できる状況ではなかった。羽柴軍の主力は備中高松城からの中国大返しで疲弊しており、高山右近や中川清秀等、現地で合流した諸勢の活躍に期待する他はなかった。

同日深夜、光秀は自らの居城坂本城を目指して落ち延びる途中において落ち武者狩りで殺害されたとも、落ち武者狩りの百姓に竹槍で刺されて深手を負ったため自害し、股肱の家臣・溝尾茂朝に介錯させ、その首を近くの竹薮の溝に隠したともされる。小栗栖で落ち武者などがよく通る田の上の細道を、光秀ら十数騎で移動中、小薮から百姓の錆びた鎌で腰骨を突き刺されたとする。

その際、最期と悟った光秀は自らの首を「守護」の格式を表す毛氈鞍覆に包んで知恩院に届けてくれと言い残したという。

光秀のものとされる首は、発見した百姓により翌日、信孝の元に届き、まず本能寺で晒された。その後、京都の粟田口（Awataguchi）に首と胴をつないでさらされた後、同年六月二十四日に両名の首塚が粟田口の東の路地の北に築かれたとされる。安土城で守っていた明智秀満(Hidemitsu)は、同年十四日に山崎での敗報を受けて残兵とともに坂本城へ戻ったが、多くが逃亡した。

「天下布武」を目指す織田信長の戦いは、戦国時代最大の宗教的武装集団である石山本願寺勢力との軍事的・政治的決戦であり、織田信長の「本能寺の変」と石山本願寺の終結と同時に打倒信長を旗印に戦った各地の「一向一揆」はその勢いを著しく失った。だが、宗教は当然、石山本願寺、比叡山延暦寺、高野山、紀州雑賀衆、安芸、越前門徒衆は織田信長の死後も権勢を振るい出すが、あからさまに対抗はしていない。だが、石山本願寺と織田信長は十一年間、各地の一向宗と血みどろの戦いを繰り広げた。

諸行無常。

戦いは無限に屍を積み上げても、状況にいっさいの変化なしであった。

Session 6 春雪が舞う。「安政の大獄」「桜田門外の変」百の首が飛ぶ！

「切り落とされた首が百」

これだけの「暗殺」者を出した事件はない。「安政の大獄」と「桜田門外の変」である。

安政の大獄（Anseinotaigoku）は、一八五八年（安政五年）から一八五九年（安政六年）にかけて江戸幕府が行った大弾圧である。幕府の大老（Tairo）井伊直弼（Ii Naosuke）は朝廷の許しを得ないまま日米修好通商条約に調印し、また将軍継嗣を徳川家茂（Tokugawa Iemochi）に決定した。「安政の大獄」は、これらの諸策に反対する者たちを弾圧した事件である。弾圧されたのは尊王攘夷や一橋慶喜を将軍に推す一橋派の大名、公家、志士らで、連座した者は百人以上にのぼった。

形式上は徳川幕府第十四代将軍徳川家茂が台命を発して、すべての処罰を行なったことになっている。だが、実際には井伊直弼がすべての命令を発したとされている。

当時、江戸には、外国船が相次いで来航した。隣国の清朝がアヘン戦争に敗れると、日本も国内では対外的危機意識が高まり、幕閣では海防問題が議論されたいた。老中阿部正弘（Abe

Masahiro）が幕閣改革を行い、「黒船」来航後の一八五四年（安政元年）にアメリカと日米和親条約を、ロシア帝国と日露和親条約を締結した。

前水戸藩主徳川斉昭（Tokugawa Nariakira）の七男で評判が高い一橋慶喜（Hitotsubashi Yoshinobu）を支持し諸藩との協調体制を望む一橋派と、血統を重視し、現将軍に血筋の近い紀州藩主徳川慶福（Yoshitomi）を推す保守路線の南紀派とに分裂し、対立した。南紀派の井伊直弼が大老に就任し、無勅許の条約調印と慶福（家茂）の将軍継嗣指名を断行した。

徳川斉昭は、いったんは謹慎していたものの復帰、藩政を指揮して長男である藩主徳川慶篤を動かし、尾張藩主徳川慶勝、福井藩主松平慶永らと連合した。松平慶永は彦根藩邸を訪れて登城前の井伊直弼に違勅調印を詰問し、さらに将軍継嗣の発表を延期するよう要求した。井伊直弼は自身の袂をつかんで引き止めようとする松平慶永を振り切り、江戸城に登城した。この後、松平慶永は後を追うように江戸城に登城した。また斉昭父子と徳川慶勝は井伊直弼以下幕閣を詰問するために不時登城を冒した。

井伊直弼は、『不時登城をして御政道を乱した罪は重い』との台慮として彼らを隠居・謹慎などに処した。

これが「安政の大獄」の始まりである。

一橋派であった薩摩藩主島津斉彬は井伊直弼に反発し藩兵五千人を率いて上洛して朝廷を守護したうえで、違勅を正して一橋派の復権を指示する勅諚を得て、幕府と対峙することを計画したが、同年七月に鹿児島で出兵の調練中の水当たりが原因で急死、出兵勅諚計画は頓挫したのである。島津斉彬死後の薩摩藩の実権は、御家騒動で斉彬と対立して隠居させられた父島津斉興が掌握し、薩摩藩は幕府の意向に逆らわぬ方針へと転換することとなった。

八月には、薩摩藩と協働して朝廷工作を行っていた水戸藩に対して下され、ほぼ同じ時期、幕府側の同調者であった関白九条尚忠が辞職に追い込まれた。このため九月に老中の間部詮勝、京都所司代酒井忠義らが上洛し、中心人物と目された梅田雲浜他、橋本左内らを逮捕したことを皮切りに、公家の家臣まで捕縛するという弾圧が始まった。京都で捕縛された志士たちは江戸に送致され、評定所などで詮議を受けた後、死罪、遠島など酷刑に処せられた。

この時、寛典論を退けて厳刑に処すことを決したのは井伊直弼と言われる。幕閣では一橋派が復活し、「文久の改革」が行われ、将軍家茂と皇女和宮（Kazunomiya）の婚儀が成立して公武合体路線が進められたのである。

「安政の大獄」は、幕府の規範意識の低下や人材の欠如を招き、諸藩の幕府への信頼を大きく低下させることとなり、反幕派による尊攘活動を激化させ、江戸幕府滅亡の遠因になったとも言われている。

ここで死刑・獄死の判決を受けた人たちを上げる。

安島帯刀…………「暗殺」水戸藩家老、切腹（享年四十九）

鵜飼吉左衛門……「暗殺」水戸藩京都留守居役、斬罪（享年六十一）
鵜飼幸吉………「暗殺」水戸藩京都留守居役助役、獄門（享年三十一）
茅根伊予之介……「暗殺」水戸藩奥右筆、斬罪（享年三十五）
梅田雲浜………「暗殺」元小浜藩士、儒学者、獄死（享年四十五）
飯泉喜内………「暗殺」元土浦藩主・三条家家来、斬罪（享年五十四）
頼三樹三郎………「暗殺」京都町儒学者、漢学者頼山陽三男、斬罪（享年三十五）
橋本左内………「暗殺」越前福井藩松平春嶽家臣、斬罪（享年二十五）
吉田松陰………「暗殺」長州藩毛利家家臣、漢学者、斬罪（享年二十九）
日下部伊三治……「暗殺」薩摩藩士、獄死（享年四十五）

以下、隠居・謹慎隠居・御役御免・永蟄居・譴責・中追放・所払・永押込・国許永押込・押込・急度叱り置き・手鎖朝廷への処分。処分者には「なぜ!」と聞きたくなる者がいる。長州藩毛利家の学者、吉田松陰である。なぜ、打ち首になってしまったのか──。吉田松陰の媚を落としたのは「首切り朝」の異名を持つ、山田朝右衛門であるが、処刑の後、「なぜ！ 次の世があるのに」と嘆いたと言われるが、吉田松陰が「安政の大獄」の最後の処刑者と言われるが、「処刑者の鬼」井伊直弼に本当の話を聞いてみたい。

吉田松陰が斬首されてから三ヵ月後、井伊大老も桜田門外で首を打たれた。「暗殺」である。

水戸藩では、密勅への対応をめぐって藩論は紛糾した。返納阻止派の藩士らは、密勅の下された安政五年九月、江戸から水戸に通じる街道の小金宿に結集し、武装した農民部隊まで加わった。この屯集が収まりを見せる頃、井伊直弼による「安政の大獄」は本格的になり、京都では密勅降下に関わった鵜飼吉左衛門父子らが拘禁された。

やがて江戸表でも家老・安島帯刀（Ajima Tatewaki）ら、水戸藩改革派の重鎮が拘禁され、これに反発した水戸藩士たちは、安政六年五月、再び小金宿等に屯集した。井伊直弼襲撃の計画首謀者の水戸藩士金子孫二郎（Kaneko Magojiro）は二月十八日夜、勇次郎や、同藩士稲田重蔵（Inada Juzo）、佐藤鉄三郎、飯村誠介らを伴って水戸を発ち、江戸へ向かった。

同日、水戸藩庁が金子孫二郎、高橋多一郎（Takahashi Taichiro）、関鉄之介（Seki Tetsunosuke）らに召喚命令を出したため、長岡屯集の藩士らはこれを聞いて憤激し、二十名程が一挙に水戸へ押し寄せた。藩の方でも兵士数百名を出していたので、水戸・紺屋町で長岡勢と衝突、互いに斬り合いとなった。このとき林忠左衛門をはじめ、長岡勢にも二、三人の負傷者が出た。

金子孫二郎らは、笠間、結城、古賀を経て、草加より王子へ向かい、江戸へ着いた。翌日薩摩藩士兄弟の計らいで薩摩屋敷へ移り、謀議を重ねた。

水戸藩士・関鉄之介へも、召喚状が水戸藩庁から届いた。しかし、関はすでに早朝、自宅を抜け出して江戸へ走り、江戸に入っていた。関は水戸に妻子があったが、江戸の芸妓（Geigi）滝本いの（Takimoto）と情を通じ、京橋北槇町にあったいのの家へ寄宿した。幕府の警戒が厳しくなったのを知り、藩士らは一ヵ所に多数で泊まれば疑われるのを予想、宿泊する藩士の組み合わせを変えるなどを思案した。

海後磋磯之介は江戸到着の二日後、品川へ宿を移した。薩摩屋敷では金子孫二郎らと有村雄助（Arimura Yusuke）、次左衛門（Jizaemon）兄弟が談義を重ねた。まず水戸・薩摩藩とも大量参加者は見込めないことを再確認し、当初予定の襲撃期日を延期した標的は、候補に挙げていた直弼一人に絞り込んだ。

三月一日、金子孫二郎は日本橋西河岸の山崎屋に、関鉄之介や斎藤監物（Saito Kenmotsu）、稲田重蔵、佐藤鉄三郎、薩摩藩士・有村雄助、そして薩摩藩との連絡役の水戸藩士・木村権之衛門を呼んだうえで、挙行は三月三日とし、襲撃は登城中の直弼を桜田門外で襲うべし、と最終決断を下した。この他に金子孫二郎は、「舞監を携え四、五人を一組とし相互連携すべし」「まず先供を討つべし」「駕籠脇が狼狽する隙に大老を討つべし」「大老の首級を挙げるべし」「負傷者は切腹か閣老へ自訴すべし」「その他の者ただちに薩摩藩との次の義挙計画の約束通り京へ赴くべし」と定めた。

さらにこの時、襲撃の役割と斬り込み隊の配置も定めた。金子は全体統率、関は現場指揮、彼らは斬り込み隊へ加わらず皆の監督役とし、水戸藩士・岡部三十郎（Okabe Sanjuro）と畑弥平（Hata Yahei）は結末を見届けたのち、品川の川崎屋に待機した金子へ結果報告する事とした。

斬り込み隊は、井伊直弼邸へ向かって右翼即ち江戸城の堀に面した側へ配置した。稲田重蔵は当初、金子孫二郎に京への同行を命じられたが、本人の希望により固辞して襲撃参加した。

三月二日の夕刻、品川宿・相模屋にて訣別の酒宴が催された。この夜列席したのは襲撃参加者十八名を含む十九名だった。面々が一堂に会するのはこれが最初で、しかも最後にもなった。期日がついに明日と決まった中、面々は改めて成功を誓い、酒盃を交わした。また、藩に累が及ばないよう、この夜明けまでに、藩士・神官の身分に応じ、除籍願を届けた。

三月三日の早朝、水戸浪士の一行は東海道品川宿の旅籠相模屋を出発した。一行は東海道に沿って進み、愛宕（Atago）神社で待ち合わせたうえ、桜田門外へ向かった。この日は明け方から季節外れの雪模様でもあり、一時は大きな牡丹雪が盛んに降り、辺り一面は真っ白になった。しかし、斬り合いの時刻には雨混じりの小雪で、やがて薄日が射した。

襲撃者ら一行が現地へ着いた頃、すでに沿道には江戸町民らが武鑑（Bukan）片手に、登城していく大名行列を見物していた。この日は雛祭りのため、在府の諸侯は祝賀へ総登城することになっていた。襲撃者たちは、武鑑を手にして大名籠見物を装い、井伊直弼の駕籠を待った。

午前八時、登城を告げる太鼓が江戸城中から響き、それを合図に諸侯が行列をなし桜田門を潜り抜け城内に入っていった。尾張藩の行列が見物客らの目の前を過ぎた午前九時頃、彦根藩邸上屋敷の門が開き、大老井伊直弼の行列は門を出た。彦根藩邸から桜田門まで三、四町。彦根藩の行列は総勢六十人ばかりだった。

雪で視界は悪いうえに、彦根藩護衛の供侍たちは雨合羽を羽織り、刀の柄、鞘ともに袋をかけていた。そのため、素早く抜刀するのが難しい状況にあり、とっさの迎撃ができがたい状況で、それは襲撃側に有利だった。また江戸幕府が開幕以来、江戸市中で大名駕籠が襲われた前例はなく、彦根藩行列の警護は薄かった。

もっとも井伊直弼の元には以前より不穏者ありとの情報が届いていたうえ、当日の未明にも直接の警告があった。だが、護衛の強化は失政の誹りに動揺したとの批判を招くと井伊直弼は判断し、あえてそのままにしたのだった。

この日、彦根藩の宇津木左近（Utsuki Sakon）は、井伊直弼の駕籠を見送った後、机上に開封された書状を見つけた。それには、水戸脱藩の浪士らが襲撃を企てている旨の警告が記されており、宇津木左近が護衛を増派しようとした時、凶報がもたらされた。登城する直弼の駕籠は、彦根藩上屋敷の門を出た後、内堀通り沿いを進み、桜田門外の杵築藩邸の前に差し掛かったとき、そこで浪士たちの襲撃を受けた。

先供が松平親良邸に近づくと、まず前衛を任された水戸浪士が直訴を装って行列の供頭に近づいた。彦根藩士日下部三郎右衛門(Kusakabe Saburoemon)はこれを制止し取り押さえに出たが、即座に斬りかかられたため、日下部は面を割られ前のめりに突っ伏した。水戸藩「桜田門外の変」の首謀者、高橋多一郎は護衛の注意を前方に引きつけた。そのうえ、水戸浪士黒澤忠三郎(Kurosawa Chuzaburo) が攻撃の合図のピストルを駕籠めがけて発射した。またその他多数で多方面から一斉射撃を行った。

これを合図に浪士本隊による全方向からの駕籠への抜刀襲撃が開始された。発射された弾丸によって、直弼は腰部から太腿にかけて銃創を負い、修錬した居合を発揮することもできず、動けなくなっていたと考えられる。襲撃に驚いた丸腰の駕籠かき、徒歩人足はもちろん、彦根藩士の多くは算を乱して遁走した。

残る十数名の供侍たちは駕籠を動かそうと試みたものの、銃撃で怪我を負ったうえに襲撃側に斬りつけられ、駕籠は雪の上に放置された。護衛の任にある彦根藩士たちは、雪が柄を湿らせるのを避けるため、両刀に柄袋をかけており、さらに鞘袋が邪魔してとっさに抜刀できなかった。このため、鞘のまま抵抗したり、素手で刀を掴んだりして、指や耳を切り落とされるなどした。

こうした防御者側に不利な形勢の中、彦根藩士も抵抗を行い、結果として襲撃者側も被害が拡大した。二刀流の使い手として藩外にも知られていた彦根藩一の剣豪の河西忠左衛門（Kasai Chuzaemon）は、冷静に合羽を脱ぎ捨てて柄袋を外し、襷をかけて刀を抜き、駕籠脇を守っていた浪士・稲田重蔵を倒し、さらなる襲撃を防いだ。

同じく駕籠脇の若い剣豪も二刀流で大奮戦し、襲撃者に重傷を負わせた。しかし、斬られて倒れ、銃創により戦闘不能になる。乱闘により、襲撃者側で当初戦闘に参加しない予定だった斎藤監物も、途中から戦闘に加わった。やがて、護る者のいなくなった駕籠に、次々に襲撃者の刀が突き立てられた。まず稲田重蔵が刀を真っ直ぐにして一太刀、駕籠の扉に体当たりしながら駕籠を刺し抜いた。続いて広岡海後（Hirooka Kaigo）が続けざまに駕籠を突き刺した。この間、稲田重蔵は河西忠左衛門の反撃で討ち死にし、河西もついに斃れた。

故あって薩摩藩を脱藩。大老井伊直弼を襲撃して馘首した有村次左衛門は刀の切先に直弼の首級を突き立てた。有村の勝鬨（Kachidoki）の声を聞き、浪士らは本懐を遂げたことを知った。そして、有村が荒々しく駕籠の扉を開け放ち、虫の息となっていた直弼の身体を掴み駕籠から引きずり出した。

直弼はすでに血まみれで息も絶え絶えであったが、無意識に地面を這おうとした。有村が発した猿叫ともに振り下ろした薩摩刀によって、直弼は斬首された。首は一撃では落ちず、二、三回、毬を蹴るような音がしてやっと落ちたという。

事変の一部始終をつぶさに見ていた水戸藩士畑弥平は、襲撃から直弼の首級をあげるまで「煙草二服ばかりの間」と後に述懐しており、襲撃開始から直弼殺戮まで、わずか数分の出来事だった。急ぎ彼らがその場を立ち去ろうとしたとき、斬られて昏倒していた彦根藩士小河原秀之丞（Ogawara Hidenojyo）がその鬨の声を聞いて蘇生し、主君の首を奪い返そうと有村に追いすがり、邸前辺りで有村の後頭部に斬りつけた。水戸浪士広岡子之次郎（Hirooka Nenojiro）らによって小河原はその場で斬り倒されたが、現場に隣接する邸の門の内側から目撃した人物によると、小河原が朦朧と一人で立ちあがった直後、数名の浪士らから滅多微塵に斬り尽くされた有様は目を覆うほど壮絶無残だったという。

一方、この一撃で有村も重傷を負って歩けなくなり、直弼の首を引きずっていった。しばらくの逃走の後、有村は若年寄遠藤胤統邸の門前で自決した。これにより、直弼の首は遠藤家に収容されることになった。小河原は救助され、藩邸にて治療を受けるが即日絶命した。

現場跡には、襲撃者側で唯一その場にて討ち死にした稲田の他、数名の彦根藩供侍と首のない直弼の死体が横たわり、雪は鮮血で赤に染まっていた。

「暗殺」「暗殺」

襲撃の一報を聞いた彦根藩邸からはただちに人数が出撃したがすでに遅く、やむなく死傷者や駕籠を収容し、さらには鮮血にまみれた多くの指や耳たぶ、数本の腕が落ちた雪まで徹底的に回収した。

直弼の首は前述の若年寄三上藩邸に置かれていた。所在を突き止めた井伊家の使者が返還を要請したが、「幕府の検視が済まない内は渡せない」と五度までも断り、その使者を追い返した。

そこで井伊家、遠藤家、幕閣が協議のうえで、表向きは闘死した藩士のうち年齢と体格が直弼に似た首と偽り、内向きでは「遠藤家は負傷した直弼を井伊家に引き渡す」という体面を取ることで貰い受け、事変同日の夕方ごろ直弼の首は井伊家へ送り届けられ、彦根の近隣の藩主でもあることから有名な直弼の顔を家中もよく知っており、実際には気付いていた可能性が高い。

その後、井伊家では「主君は負傷し自宅療養中」と事実を秘した届を幕閣へ提出、直弼の首は彦根藩邸で藩医・岡島玄建により胴体と縫い合わされた。

Session 7 時代に裏切られた悲劇のラストエンペラー溥儀の悲劇。

清朝初代皇帝ヌルハチ（Nurgaci）は自らの一族である愛新覚羅の名を「アイシンギョロ」と呼ぶ。なぜか。ヌルハチは漢民族ではなかった。発音はモンゴル系か満州族系であったからだ。正式には愛新覚羅（Aishinkakura）、名は溥儀（Fugi）である。

溥儀は一九〇六年（明治三十九年）二月七日に北京の紫禁城（Sikinjyo）で産湯を使い誕生した。一九〇〇年（明治三十三年）に発生した「義和団（Giwadan）の乱」を乗り越え、当時、依然として強い権力を持っていた西太后（Seitaiko）が一九〇八年（明治四十一年）に光緒帝の後継者として溥儀を指名したことにより、溥儀はわずか二歳十ヵ月で皇帝に即位させられ、清朝の第十二代宣統帝となったのである。

即位式は紫禁城で行われた。新しい皇帝の即位は世界各国で大きく報じられた。宣統帝（Sentotei）は多くの宦官や女官らとともに紫禁城で暮らすこととなるが、状況が最悪、最後の皇帝になったのだ。その後は清室優待条件により紫禁城に住むことを許されるものの、「北京政変」で紫禁城を追われたのである。さらに、当初庇護を受けようとしたイギリスやオランダ公館に庇護を拒否され、天津（Tenshin）の日本租界で日本公館の庇護を受けた。

在位は一九〇八年（明治四十一年）十二月二日から一九一二年（明治四十五年）二月十二日。後に日本の軍閥関東軍に要請され満州帝国皇帝にもなった。その期間は一九三四年（昭和九年）三月一日から一九四五年（昭和二十年）八月十八日までで満州帝国崩壊、つまり、日本帝国主義政府の崩壊までであった。

一九一九年（大正八年）三月、溥儀は近代的な西洋風の教育と併せて英語の教育を受けることを目的に、イギリスの官僚で、中国語に堪能だったレジナルド・ジョンストン（Reginald Johnston）を家庭教師として紫禁城内に招聘した。ジョンストンは、一九一九年（大正八年）三月三日に十三歳の溥儀と初めて面談した際の様子を次のように記し、イギリス本国に報告した。

「この若い皇帝は、英語も、その他のヨーロッパ語もまったく知らないけれども、学習意欲は極めて高くて、知的関心も旺盛である。シナの政治的地位や他国との比較における重要度についても、誤った考えや誇張された考えに囚われていないように見受けられる。とても「人間味のある」少年で、活発な性質、知性、鋭いユーモアのセンスの持ち主である。さらに礼儀作法がすばらしく立派で、高慢心とは無縁である。環境が極端に人為的であったことや仰々しく見せかける宮廷日課を考慮すると、これはむしろ驚く事である」

溥儀は当初、見ず知らずの外国人であるジョンストンを受け入れることを拒否していたものの、ジョンストンとの初対面時にその語学力と博学ぶりに感心し、一転して受け入れることに決めた。

ジョンストンは紫禁城内には居住せず、城外の後門付近に住み、自動車で通勤した。ジョンストンより日々教育を受ける中で、自動車や洋服、自転車、電話、英語雑誌などのヨーロッパの最新の輸入品を与えられ、その後「洋服には似合わない」との理由で辮髪を切るなど、紫禁城内で生活をしながらも、ジョンストンがもたらした英国風の生活様式と風俗、思想の影響を受ける一方、溥儀の西洋化に対し敵意を持った一部の宦官や女官たちと、それらと仲の良い新聞記者などから、ジョンストンは攻撃を受けることとなる。

この頃、溥儀はキリスト教徒のジョンストンより、「ヘンリー（Henry）」という名を与えられ、その後もこの名前を好んで使用した。溥儀はイギリス風の名を持ったものの、同様の多くの中国人と同じくキリスト教徒にはならなかったし、この名前は欧米人に対してのみ使用し、公式の場や中国人に対しては決して使用しなかった。

一九二二年（大正十一年）十一月には、満州旗人でダフール族の婉容（Enyo）を皇后として迎え、紫禁城において盛大な結婚式を挙げた。また、結婚後には中国の皇帝として初めてイギリスや日本、フランスなどの外交官を中心とした外国人を招待した「歓迎会」を催した。結婚後に婉容の家庭教師として北京生まれのアメリカ人が就任し、婉容には「エリザベス（Elizabeth）」の英名が与えられた。

この頃、自分用の自動車を入手した他、婉容とともにイギリスやアメリカへの留学を画策するものの、実現することはなかった。同年六月には、美術品が多く置かれている紫禁城内の「建福院」の目録一覧を作成し、これまで頻繁に行われていた宦官による美術品の横領を一掃することを目論んだ。しかし、目録作成直後の六月二十七日未明に一部の宦官らが「建福院」に放火し、横領の証拠隠滅を図った。これに激怒した溥儀は、中華民国政府の力を借りて約千二百名いた宦官のほとんどを一斉解雇し、日頃の宦官による横暴に対して怒りを感じていた国民やマスコミから称賛を受けた。その後も長年紫禁城に居ついていた女官を追放するなど、紫禁城内の経費削減と近代化を推し進め議論を呼んだ。

当時、溥儀は、中華民国国内における洪水や飢饉、さらには生活困窮者に対してつねに同情を寄せ、これらの支援のために多くの義捐金を送ったものの、そのすべては自らの命令でさらに匿名で行っていた。一九二三年（大正十二年）九月一日に日本で起きた関東大震災においては、ジョンストンから震災の発生を伝えられると、即座に日本に対する義捐金を送ることを表明した。併せて紫禁城内にある膨大な宝石などが送られ、大日本帝国側で換金し義捐金とするようにということであった。これに対し大日本帝国政府は、換金せずに評価額と同じ金額を皇室から支出し、宝石などは皇室財産として保管することを申し出た。

その後、日本政府は代表団を溥儀のもとに送り、この恩に謝した。なお、この際に、「溥儀はなんの政治的な動機を持たず、純粋に同情の気持ちを持って行った」とジョンストンは自書の中で回想している。その後も中国の武力統一を図る軍閥同士の戦闘はますます活発化し、一九二四年（大正十三年）十月には第二次戦争に伴う北京政変が発生し、北京を支配することとなった。

さらに政変後に、帝号を廃し、一方的な清算を通達し、紫禁城に軍隊を送り溥儀とその側近らを紫禁城から強制的に退去させた。

当初、溥儀は北府へ一時的に身を寄せ、その後ジョンストンが総理内務府大臣の意向を受けて上海租界や天津租界内のイギリス公館やオランダ公館に庇護を申し出たものの、ジョンストンの母国であるイギリス公館は内政干渉となることを恐れ、受け入れを拒否された。頼りにしていたイギリスとオランダから受け入れを拒否されたジョンストンは、関東大震災の義捐金などを通じて溥儀と顔見知りだった日本の特務全権公使に受け入れを打診した。これに対して公使は最終的に受け入れを表明し、溥儀ら一行は十一月に北京の日本公使館に入り、日本政府による庇護を受けることになった。

翌一九二五年（大正十四年）二月には日本のシナ駐屯軍、駐天津大日本帝国総領事館の仲介で、溥儀一行の身柄の受け入れを表明した日本政府の勧めにより天津市の日本租界の張園に移ることとなる。このことは、日露戦争の勝利によるロシア権益の移譲以降、満州への本格進出の機会を狙っていた日本陸軍、つまり関東軍と溥儀がその後緊密な関係を持ち始めるきっかけとなるものの、この頃の日本政府及び日本陸軍の立場は、あくまで第一次世界大戦における同盟国であった。

当時も強力な友好国であるイギリス国民であるジョンストンの申し出を受けて、イギリスとオランダが受け入れを拒否した溥儀を一時的に租界内に庇護するだけであり、溥儀との関係を積極的に利用する意思はなかった。それどころか日本政府は、紫禁城から強制的に退去されたものの当時も中華民国および満洲に強い影響力を持っており、政治的に微妙な立場にいた溥儀を受け入れることが、中華民国に対する内政干渉になりかねないと困惑していた。

溥儀が清室優待条件を失ったことを受けて同年に帝師を辞任したジョンストンは、天津港から汽船でイギリスに帰国した。ジョンストンはイギリスに帰国する直前に天津に滞在していた溥儀を訪問し、この際に溥儀はジョンストンに記念品を下賜している。ジョンストンは、溥儀と別れた二年後にイギリスの租借領であるポート・エドワードの植民地行政長官に就任することとなり再び中華民国へと戻ることとなり、イギリスから中華民国へ返還されるまでこの地に駐在した。

イギリスに帰国したジョンストンは、その知識、経験と語学力を生かしてロンドン大学の東洋学及び中国語教授に就任し、太平洋会議への出席のために再び中華民国を訪れた際に溥儀と再会する。その後、溥儀の家庭教師時代から溥儀の満洲国「元首」（執政）までの動向を綴った『紫禁城の黄昏』を著し、翌年には満洲国を訪れ「皇帝」となった溥儀と再会するなど、生涯を通じて溥儀との交流は続いた。

ジョンストンは去ったものの、溥儀の住んでいた日本租界のある天津は、この頃の国共内戦の主な戦闘地域から離れていたことや、日本やイギリス、フランスなどの列強をはじめとする外国租界が多かったため、両軍が租界を持つ諸外国に刺激を与えることを恐れたこと、さらに張作霖爆殺事件以降、急速に関東軍の支配が強まっていたこともあり、国共内戦などの影響を受けることはなかった。

日本政府は、すでに皇帝の座を退いていたものの、社会的影響力も高く注目を受けていた溥儀の扱いに引き続き苦慮していた。この様な状況下で溥儀を自国の租界から追い出すわけにもいかないため、溥儀はその後も日本からボディーガードとして送られた陸軍中佐などとともに、天津の日本租界の張園、後に移転した協昌里の静園に留まり、妻の婉容ともう一人の妻文繡(Bunshu)、それに紫禁城時代からの少数の側近らとともに静かに暮らしていた。

この頃に至っても中華民国国内の政治的状況は混沌としたままで、一九二七年（昭和二年）四月には「上海クーデター」が勃発し、蒋介石（Syokaiseki）率いる中国国民党右派が対立する中国共産党を弾圧した。その後、蒋介石は南京にて「南京国民政府」を設立し、党および中華民国政府の実権を掌握するものの、同年七月に国共合作を破棄したことで、ソビエトからの支援を受けた中国共産党の残党が反発し国共内戦が始まった。

溥儀を紫禁城から追放するきっかけとなった北京政変後の一九二六年（大正十五年）に政権を掌握した張作霖（Cyosakurin）の政権も磐石なものではなかった。張作霖は、孫文（Sonbun）の没後にその後を継いだ中国国民党右派の蒋介石が開始した北伐により、北京より脱出したものの、同年六月、乗っていた列車を関東軍に爆破されて死亡した。満州国の参謀が手を下した「張作霖列車襲撃事件」である。その後、張作霖の息子の張学良は蒋介石に降伏し、両者は相通じて関東軍に対し挑発行動を繰り返すこととなる。

関東軍は国際世論の批判を避けるため、満洲地域に対して永続的な武力占領や植民地化ではなく、日本の影響力を残した国家の樹立を目論み、親日的な軍閥による共和国の設立を画策した。しかし、この様な形での新たな共和国の設立は、中華民国のみならず、中国大陸に多くの租界と利権を持つイギリスやアメリカ、フランスやイタリア、そして国際連盟加盟国をはじめとする国際社会の支持を得にくいと判断したことから、国家に正統性を持たせるために、清朝の皇帝で満州族出身であり、さらに北京政変による紫禁城追放以降日本租界へ身を寄せていた溥儀を元首に擁いた君主制国家を設立することを画策した。

このような関東軍の目論みを受けて、関東軍の特務機関長だった土肥原賢二（Dohihara Kenji）が溥儀の説得にかかるために天津の日本租界へ向かい、その後溥儀と会談し「満洲国元首」就任の提案を行った。紫禁城追放以降、かねてから「清朝の復活」を熱望していたうえに、東陵事件後にその思いを強くした溥儀は、土肥原賢二による満洲国元首就任の提案を受け、「清朝の復辟」を条件に満洲国元首への就任に同意した。

その後、溥儀は、関東軍の保護の下で天津の自宅を出て、十一月十三日に営口に到着、旅順の南満洲鉄道が経営するヤマトホテルに泊まる。溥儀が旅順へ向かった後、粛親王善耆の第十四王女で当時関東軍に協力していた川島芳子（Kawashima Yoshiko）が、天津に残された婉容を連れ出すことを関東軍から依頼され、実際に婉容を天津から旅順へ護送する任務を行っている。

このような溥儀の行動に対して、中華民国の有力者が、当時太平洋会議のために中華民国に滞在していたジョンストンに溥儀の決定を翻させるように働きかけるよう依頼した他、中華民国内のマスコミも溥儀の動きを憂慮した。しかし、「東陵事件」における蔣介石や張学良の反応に失望していたうえ、清朝の復辟を強く望んでいた溥儀は、これらの中華民国の有力者による反対意見を退け、関東軍の提案を受け入れた。

その後、関東軍は遼寧省と吉林省、黒竜江省の各地の要人との協議を開始。最終的に一九三二年（昭和七年）二月十八日に、後に満洲国の国務院総理となる張景恵を委員長とする東北行政委員会が、蔣介石率いる中華民国政府からの民族自決による分離独立を宣言し、その後、東北行政委員会の委員を中心に内閣を編成した。

溥儀は満洲国の元首に就任することが決定していたにも拘わらず、この満洲国建国に至る関東軍と有力者らの協議に参加できなかったばかりか、協議の概要さえも伝えられることはなかった。

新たな年号である「大同元年」となる一九三二年三月一日に、長春市内の張景恵の公邸で満洲国建国宣言が行われ、満洲国に在住する主な民族（満洲人、日本人、漢人、蒙古人、朝鮮人）による「五族協和」を掲げ、長春の名を改め新京に首都を置く満州国が建国された。満洲国の建国を受けて溥儀は同年三月九日に満洲国の「執政」に就任した。この際に溥儀は、かつて皇帝だったこともあり、格下である「執政」への就任を嫌がり、あくまで皇帝への即位を主張するが、関東軍から「時期尚早」と撥ねつけられてしまう。

「執政」となった溥儀は、関東軍の日本人将校から、皇帝へ対する敬称である「陛下」ではなく、国家君主以外の高官に対する呼び方である「閣下」と呼ばれ激怒したと伝えられている。溥儀が執政に就任した直後の三月に、国際連盟から柳条湖事件及び満洲事変と満洲国、そして日本と中華民国の調査のために派遣されたイギリスの第二代リットン伯爵率いる、いわゆる「リットン調査団」が満洲国を訪問し、五月には溥儀にも調査の一環としてリットン以下調査団に謁見した。

この時期、関東軍参謀長だった小磯国昭（Koiso Kuniaki）に対し、「中原への進出を企図して関東軍の支援を求め、達成後は日本に満洲を割譲する」とまで言ったが、小磯国昭に諌められている。

「執政」就任の二年後、ようやく溥儀は満州国皇帝の座に就き、康徳帝となる。「清」と「満洲」という二つの帝国で正式に三回皇帝に即位したのは溥儀のみである。溥儀の皇帝即位に併せて、それまでは「満洲国」と呼ばれていた国名も「満洲帝国」と呼ばれることが多くなった。元号も「康徳」に改元された。

同時に紫禁城時代からの教育掛で、満洲国総理内務府大臣でもあり、建国前に溥儀と日本陸軍との間を取り持ったことから関東軍からの評価が高かった鄭孝胥が国務院大臣に就任した。同日に新京市内で行われた皇帝即位式の際に溥儀は、満洲国のスローガンのひとつである「五族協和」を掲げるうえで、満洲族の民族色を出すことを嫌った関東軍からの強い勧めで満州国軍大総帥服を着用して行われた。

しかし、満洲族としての意識が強い溥儀の強い依頼により、新京市内の順天広場に置かれた特設会場にて、即位式に先立って即位を清朝の先祖に報告する儀式である「告天礼」が行われ、この際に溥儀は満洲族の民族衣装である龍袍を着用した。

溥儀は、執政当時と同様に満洲国首都の新京特別市の中心部に置かれた。皇帝に即位した当初溥儀夫妻は内廷の緝熙楼に住んでいたが、「皇宮とするには狭く威厳が足りない」と考えた満洲国政府により、新たに同徳殿が皇宮として建てられた。だが、関東軍による盗聴を恐れて溥儀自身は一度も利用しなかった。

関東軍の主導のもと作られた満洲国の組織法上では、皇帝は国務院総理をはじめとする大臣を任命することができたが、次官以下の官僚に対しては「日満議定書」により、関東軍が日本人を満洲国の官吏に任命、もしくは罷免する権限を持っていたので、溥儀はその権限を持てなかった。また、「日満議定書」では、国政に関わるような重要事項の決定には、皇帝の溥儀だけでなく関東軍の認証が必要とされていた。実際に、関東軍の日本人高級将校で「御用掛」として引き継き、満洲国に送り込まれた吉岡安直（Yoshioka Yasunao）や工藤忠（Kudou Chu）がつねに溥儀とともに行動し、その行動や発言に対し「助言」するなど、皇帝の称号こそあるにしろ、事実上関東軍の「傀儡」と言えるような状況だった。

さらに満洲国の官職の約半分が日本人で占められ、国籍法が存在しないことなど、満洲国と溥儀に対する関東軍の影響力は大きく「独立国」という状況には遠かった。駐留が認められていたうえに、満洲国軍も事実上関東軍の指揮下にあった。一九三五年（昭和十年）七月に日本軍の陸軍士官学校を卒業した弟の溥傑（Fuketu）が、同年九月に満洲国軍に入隊した。

日本政府や日本陸軍の意図を無視した関東軍による満洲国への介入はその後も増していき、一九三七年（昭和十二年）二月には、溥儀と関東軍の植田健吉（Ueda Kenkichi）司令官の間で念書が交わされ、「満洲国皇帝に男子が居ない場合、日本の天皇の叡慮により、それを定める」とされ、実際に溥儀に男子がいなかったことから、事実上溥儀の後継者は日本（関東軍）が定めることとなった。これ以降溥儀は、以前に比べて関東軍による「暗殺」と溥儀の「暗殺」による親日本的な志向を持つ皇帝への交代を恐れるようになっていったと言われている。

溥儀は一九三七年に満洲旗人他拉氏出身の譚玉齢を側室として迎え祥貴人としたが、譚玉齢はわずか五年後の一九四二年（昭和十七年）に死去した。溥儀はこの死について「関東軍による毒殺」と疑い、ソ連の要請（事実上の強制）を受けて出廷した東京裁判においてもそのように証言している。しかし、遺族はそれを戦後否定しているばかりか、実際に単なる病死だったと証明されている。譚玉齢の死後は漢族の側室として李玉琴を迎え福貴人とした。

満洲国建国に際しても溥儀と一緒に満洲入りし、満洲国の初代国務院総理として溥儀を支えた鄭孝胥は、「我が国はいつまでも子供ではない」と、建国後も実権を握る関東軍を批判する発言をしたことから、溥儀の皇帝即位のわずか一年後の一九三五年五月に辞任に追い込まれた。

しかし満洲事変以降、日本政府や大本営の意向を無視して動くことが多かった関東軍が、現地人はおろか日本政府の意思をも無視し過度に介入する形での満洲国の運営、さらに関東軍主導で実権を伴わない形での溥儀の「皇帝就任」に対し、日本国内の有識者、特に欧米の植民地支配からの自主独立を目指すアジアや右翼からの反発が強かった。

例として、当時の日本の政界に強い影響力を持っていたアジア主義者の巨頭で玄洋社の総帥、亡命中に支援を行うなど蔣介石との関係も深かった頭山満（Toyamamitsuru）は、満洲事変から満洲国の建国に至る関東軍の暴走と、それに対する日本政府のあいまいな対応に強い憂慮と怒りを示していた。

頭山満は、一九三五年に溥儀が来日した際にも日満政府から歓迎式典や公式晩餐会への招待を受けたものの、満洲国建国に至るまで関東軍の暴走を止められないままでいた内閣と大本営、そして関東軍への抗議の意味を込めて、「気が進まない」との理由でこれを断わっている。

満洲国において溥儀と関東軍との関係はこの様な状況であったものの、日満友好を促進する狙いと、満洲国並びに溥儀の威信を国内外に高めることを目的として、一九三五年四月に溥儀が昭和天皇の招待により国賓として日本を公式訪問することに決定した。これは溥儀にとって初の外国訪問となった。

公式訪問時には満洲海軍艦は使用せず、日本側が日本海軍の練習戦艦「比叡」を御召艦として提供した。大連港より四月八日の早朝に横浜港に到着した。溥儀は、東京駅まで専用列車で向かった。東京駅に溥儀一行が到着した際には、両国の深い関係を表すように、昭和天皇自らが東京駅のホームまで溥儀を迎えに出向くという、日本の歴史上にない異例の歓待を行った。この様な天皇による歓待は現在まで例がない。

天皇のみならず多くの皇族が訪日した溥儀を温かく迎えたほか、政府も通常の友好国の元首への歓待をはるかに超える規模の歓待を用意した。約百人からなる溥儀一行は到着後に赤坂離宮に滞在し、天皇や皇族、閣僚や各国の外交団が招かれ公式晩餐会が開かれた。

その後、靖国神社への参拝や近衛師団の閲兵式などの公式日程をこなした他、専用列車で奈良や京都、広島など日本国内各地を訪問した。訪日中は、新聞やラジオ、雑誌やニュース映像など日本中のマスコミが溥儀の行動や発言を逐一報道し、新聞社や出版社から報道写真集が発売されたほか、いわゆる「追っかけ」も発生するなど、溥儀自身の人柄もあいまって日本の皇室や指導者層のみならず、日本国民からも高い人気を集めた。

東京駅前には奉祝門が作られ、銀座は両国の国旗や電飾で日満色に飾られた。また、東京市電はライトアップされた花電車を走らせ、逓信省は溥儀の訪日を記念して記念切手を四種発行するなど、官民を挙げて歓迎した。ひととおりの日程を終えた溥儀一行は四月二十六日夜に広島県営港より、御召艦の「比叡」で帰国の途に就いた。当時の溥儀は、年齢が近い（昭和天皇の方が五歳年長）うえに、自分と同じ君主制国家の国家元首だった昭和天皇の「兄弟分」であるという気持ちが強かったとされている。また、皇太后節子は、溥儀を「満洲殿」と呼び、我が子のように親しく接したと言われている。

溥儀が皇帝に就任した四年後の一九三七年七月七日に、北京西南の盧溝橋で起きた「盧溝橋事件」を契機として日本軍と中華民国軍の間で「支那事変」が勃発した。その後、中華民国国内において内戦状態にあった国民党と共産党は、日本軍に対抗するための抗日民族統一戦線である国共合作を構築した。日本軍は中華民国沿岸の港をすべて閉鎖し、一九三八年（昭和十三年）後半に入ると海上からのいっさいの補給路の閉鎖に成功した。

中華民国政府は重慶に首都を移動させ抵抗を続けていたが、ほとんどの戦線で活動を停止。南京陥落後は臨時首都だった重慶にも日本軍の圧力が高まった。中華民国政府に対して、国内における利権を確保しようとしたソビエト連邦は戦闘機などを貸与したほか、アメリカもアメリカ合衆国義勇軍を派遣するなどこれを支援した。

日中戦争を通じて関東軍は、日本人や朝鮮系の将兵を続々と派遣軍として支那に移動させたが、満州国軍は自国の防衛に専念し中華民国軍との戦闘には参加しなかった。

一九四〇年（昭和十五年）六月に皇紀二千六百年記念行事が東京で開催された際にもタイ王国や中華民国などの日本の友好国が集まった。なお、当時、日本の友好国は中華民国、タイ王国、ソビエト連邦しかなかった。他はすべて、日米英仏蘭の植民地と領土だった。

溥儀は今回で来日は二度目。日本海軍の戦艦「日向」を皇帝御召艦とし、六月二十六日に大連港から横浜に到着した際に高松宮宣仁親王の出迎えを受けた後、再び東京駅に出迎えた昭和天皇と五年振りに固い握手を交わした。

この訪問の際に溥儀は、皇紀二千六百年記念行事への参加などの公式日程をこなしたのみならず、溥儀を特に親しく感じていた皇太后節子が設けた午餐会に招待されたほか、東京を離れて伊勢神宮への参拝や滋賀県庁訪問などをした後に、神戸港から帰国の途に就いた。

伊勢神宮を訪れた後には、溥儀の発案で「日満一神一崇」を表明し、満洲国帝宮内に「建国神陵」が作られ、神体として天照大神が祀られた。また、溥儀が初来日から帰国した際には、「もし大満洲帝国皇帝に不忠であれば、それは天皇に不忠であり、天皇に不忠であれば満洲皇帝に不忠となる」と、日本出身者が多くを占める満洲国政府首脳部に対して訓示を行ったなど、満洲帝国皇帝としての自らの地位を強固にするため日本国の皇室との親しい関係を表明していた。

この二回が溥儀にとって最初で最後の公式外遊だった。

溥儀は一九三五年（昭和十年）と一九四〇年（昭和十五年）の二回の訪日ともに、この頃よりアヘン中毒などいくつかの病気が伝えられた妻を同伴せず、単独で訪日を行った。

一九四一年（昭和十六年）十二月八日、太平洋戦争、つまり、ハワイ真珠湾攻撃を山本五十六(Yamamoto Isoroku) 連合艦隊司令長官がアメリカのハワイ真珠湾攻撃を指示した日だった。この日から、中華民国、イギリス、アメリカ、オランダ、オーストラリアなどの連合国と交戦状態に入った。

だが、満洲国は連合国各国に対する宣戦布告を行わなかった。さらに満洲国の同盟国である日本と隣国ソビエト連邦との間に日ソ中立条約が存在することから、満洲国内は中華民国軍や中国共産党軍によるゲリラ攻撃がたびたび行われており、それらと満洲国軍の戦闘は行われていたものの、日本軍とイギリス軍やアメリカ軍、中華民国軍との戦闘地域から離れていることもあり、平静が続いた。

一九四三年（昭和十八年）に東京で開催された大東和会議は実務者会議であるために出席せず、張総経理を出席させている。また、弟の溥傑が日本の陸軍大学校に教官として配属されたため、溥傑とその一家は東京に居を移すこととなった。

この頃、日本軍はまだまだ各地で勢いを保っていたものの、事実上一国だけでイギリスやアメリカ、中華民国やオーストラリアなど複数国からなる連合国と対峙していたうえ、オーストラリア北部やアメリカ西海岸、アフリカ南部など国力を超えて戦線が拡大していたこともあり、一九四四年（昭和十九年）に入ると各地で次第に敗戦の色を濃くしていった。溥傑は学習院に入学した長女を東京に残し、妻や次女とともに新京に戻った。

その後も主な戦場から遠く離れており、農業生産も順調に行われていた満洲国内は平静を保ったものの、多くの関東軍が南方戦線へ移動するのと同時に、食糧難になってきていた日本に輸出されるようになっていった。

さらに一九四四年に入ると工業地帯や軍の基地などが、イギリス領インド経由で中華民国内陸部の成都基地から飛来したアメリカ軍の爆撃機などの攻撃をたびたび受け、これらの爆撃機と満州飛行隊の戦闘機との空中戦が行われるなど、少しずつ戦火の影響を受けるようになっていった。

一九四五年（昭和二十年）八月八日に行われた、ヤルタ会談でのイギリスやアメリカなどのほかの連合国との密約により、ソ連政府はモスクワに終戦仲介依頼に来ていた駐ソ連日本特命全権大使佐藤尚武（Sato Naotake）に対し、一九四六年（昭和二十一年）四月二十六日まで有効だった日ソ中立条約の一方的な破棄と宣戦布告を通告した。その数十分後にソ連軍の大部隊が北西の外蒙古、および北東の沿海州、北の孫呉方面及びハイラル方面の三方向からソ満国境を越えて、日本の同盟国である満洲国に侵攻したのだ。

ソ連は満洲国には宣戦布告等は行わず、日本の支配地域への侵攻という位置付けだった。

大本営は一九四五年（昭和二十年）五月、大連、新京、図們を結ぶ最終防衛線を策定、満洲の四分の三を放棄して南満洲での対ソ持久戦を決定する。ソ連の対日参戦を九月以降と読んでいた軍部の甘さはあるにせよ、太平洋方面の戦況悪化のため精鋭を南方に転出させられていた関東軍は、すぐさま通化に後退した。

装備が貧弱な満洲国軍とともに、一九四三年（昭和十九年）五月のドイツの敗北以降、対日侵攻に備えてヨーロッパ戦線から転進しソ満国境付近に集結していたソ連軍に対して、各部隊が分断され効果的な反撃もできないままに潰滅状態に陥った。軍と官僚、満鉄関係者を乗せた列車は居留民を置き去りにし、追撃を阻止するために通過後の橋梁などを破壊していった。

溥儀やその家族、満洲国の閣僚や関東軍の上層部たちは、ソ連軍の進撃が進むと八月十日に首都の新京の放棄を決定し、八月十三日に日本領朝鮮との国境に程近い通化省臨江県の大栗子に、南満洲鉄道の特別列車で避難した。だが、事実上一国で連合国と戦っていた日本が八月十五日に連合国に対して降伏したことにより、その二日後の八月十七日に国務院が満洲国の解体を決定、八月十八日未明に大栗子で満洲国の解散を自ら宣言するとともに、満洲国皇帝を退位した。

満洲国皇帝を退位した溥儀は、日本政府より日本への亡命を打診されたこともあり、日本軍との連絡の元で八月十九日朝に、満洲国軍の輸送機で大栗子から奉天へ向かった。奉天の飛行場では、岐阜基地からソウル、ピョンヤン経由で送られてきた日本軍の救援機が手配されていたため、これを奉天で待つ予定だった。だが同日昼に、日本陸軍の救援機の到着に先立ち奉天に進軍して来たソ連の空挺部隊に捕らえられた。

その後、溥儀や溥傑及び満洲帝国宮中一行は直ちにソ連領内に移送され、さらにソ連極東部のチタとハバロフスクの強制収容所に収監された。その後も溥儀ら満洲帝国宮中一行の身柄はソ連に留め置かれ、中華民国に引き渡されることはなかった。収監中に中華民国への引き渡しを恐れてソ連永住とソ連共産党への入党を希望したが、却下されている。

溥儀はこのほか、ソ連の歓心を買うため多数の財宝の提供を申し出ていた。妻の婉容は溥儀や溥傑の航空機による日本への亡命に同行できず、地上での移動を余儀なくされた末に、わずかな親族や従者と共に満洲国内に取り残され、ソ連モンゴル連合軍とともに満洲に侵攻して来た八路軍に捕らえられた。さらに大戦終結後まもなく国共内戦が始まり、八路軍が中国国民党軍に追われる中で各地を転々と連れ回され、一九四六年二月には、通化で「通化事件」に巻き込まれこまれることになった。

逃亡中にアヘン中毒の禁断症状が出た婉容は、親族や従者と引き離され、吉林省延吉の監獄内でアヘン中毒の禁断症状と栄養失調のために、誰にも看取られることもないままに孤独死したといわれる。死後どこに埋葬されたかは現在でも分かっていない。

溥儀がソ連の強制収容所に収監された翌年の一九四六年（昭和二十一年）に開廷した極東国際軍事裁判。つまり、「東京裁判」には、証人として連合国側から指名され、ソ連の監視下において空路東京へ護送され、同年八月十六日よりソ連側の証人としてソ連に有利な証言を強要された。その際、板垣征四郎（Itagaki Seishiro）から、「司令官の命令として満洲国における領軸になってほしい」という依頼があったことを証言し、「自分の立場は日本の傀儡以外なにものでもない」と主張した。

後に溥儀の発言の信憑性が低下した要因に、溥儀は法廷において興奮することが多かった。「顧問の話では、板垣はもしもこの申し出を拒絶すれば、生命の危険があると脅迫した。それで、両名と顧問の一人は、板垣征四郎の申し出を受諾するようにと勧めた」「本当の気持ちは拒絶したかった。しかし四人の顧問は受諾を勧めた」「当時、日本軍の圧迫を如何なる民主国家も阻止しなかった。私だけでは抵抗出来なかった」「私の意志は拒絶するにあったが、武力圧迫を受け、しかも一方に顧問から生命が危険だから応諾せよと勧められて、遂にやむを得ず受諾したのだ」「日本は満洲を植民地化し、神道による宗教侵略を行おうとした」と証言した。

それ以外にも、「私の妻は日本軍に毒殺された」と興奮しながら語り、日本軍を糾弾するとともに「満洲問題に関する責任はすべて日本にある」と強調した。

これに対して、被告側の弁護団は、反対尋問において、満洲国建国当時に送られた、日満提携を認める「宣統帝親書」を証拠として提出して溥儀の証言内容の信憑性を追及した。溥儀の証言は、信憑性が低いとみなされ、判決文において引用されることはなかった。ジョンストンの著書である『紫禁城の黄昏』も弁護側資料として提出されたが、さしたる理由も提示されないままに却下され裁判資料とはされなかった。

後に認めた自叙伝『わが半生』では、「今日、あの時の証言を思い返すと、私は非常に残念に思う。私は、当時自分が将来祖国の処罰を受ける事を恐れ」「自分の罪業を隠蔽し、同時に自分の罪業と関係のある歴史の真相について隠蔽した」と記している。東京裁判において、検察陣から直接尋問を受けた証人は溥儀のみだった。

その後の一九五〇年（昭和二十五年）には、ソ連と同じく連合国の一国であり、国連の常任理事国でもあった中華民国ではなく、国共内戦にソ連の援助を受けて勝利した中国共産党によって前年に中国大陸に建国された中華人民共和国へ身柄を移された。同年十月にハルピンの政治犯収容所に移動させられ、一九五〇年には再び撫順の政治犯収容所に移動させられた。収監中の溥儀は模範囚と言われるような礼儀正しい言動をとっていたと伝えられている。

政治犯収容所に収監中の一九五七年（昭和三十二年）十二月十日に、かつて可愛がっていた溥傑の長女が、学習院の同級生と日本の静岡県で自殺した事件を知り、悲しんでいたことを日記内に記している。天城山心中である。

一九五九年（昭和三十四年）十二月四日に、当時の国家主席劉少奇の出した戦争犯罪人に対する特赦令を受け、十二月四日に模範囚として特赦された。釈放後の一九六〇年（昭和三十五年）一月二十六日に、溥儀が政治犯収容所に収監されている際も溥儀に対してなにかと便宜を図っていた周恩来首相と中南海で会談し、釈放後の将来について話し合った結果、一般市民の生活に慣れることを目的に、周恩来の薦めで中国科学院が運営する北京植物園での庭師としての勤務を行うこととなった。

北京植物園での勤務は、「一般市民として馴染む」ための名目的なもので短期間に終わり、その後は全国政治協商会議の文史研究委員会専門委員になり、主に文史資料研究を行う。また、溥儀とともに収容所に収監されていた弟の溥傑も釈放、溥儀との再会を果たしている。

政協文史研究委員会専門委員として文史資料研究活動を行うかたわら、多民族国家となった中華人民共和国内において、満洲族と漢族の民族間の調和を目指す周恩来の計らいで満洲族の代表として政協全国委員という国会議員相当の格式の職に選出され、死去まで委員を務めた。周恩来は、労働者階級出身で学がない多くの共産党幹部と異なり家柄もよく教養もあり、清朝最後の皇帝であり、その後不幸な運命を辿った溥儀に対してつねに同情的だったと言われている。

しかし、毛沢東には別の目的があり、ロシア帝国最後の皇帝ニコライ二世とその一家を虐殺したソ連に対する中華人民共和国の優越性を示すために、溥儀を今度は共産党の傀儡として思想改良する狙いがあったとされる。

溥儀は中華人民共和国に文化大革命の嵐が吹き荒れる中で癌を患った。政協全国委員という要職ではあるが、清朝皇帝という「反革命的」な出自の溥儀の治療を行うことで紅衛兵に攻撃されることを恐れた多くの病院から入院を拒否されたが、周恩来の手配で、北京市内の病院に入院することになった。

Session 8 大久保利通、白昼夢か！文明開化ＴＯＫＹＯでの「暗殺」

事件の数日前、「近代日本郵便の父」と言われる前島密(Maejima Hisoka)に、大久保利通(Okubo Toshimichi) は、「西郷隆盛 (Saigo Takamori) と口論して、私は西郷に追われて高い崖から落ちた悪夢を見た」と語ったという。

正夢だったのか。夢が現実になった。

一八七八年（明治十一年）五月十四日、大久保利通は「斬奸状」をたずさえた士族六名に襲われ「暗殺」された。現場は紀尾井坂下であった。

五月十四日早朝、大久保利通は福島県令の挨拶を受けていた。その話は一時間近くにおよび、県令が辞去しようとしたときに大久保利通はさらに日本の三十年計画を熱弁していた。

午前八時ごろ、大久保利通は霞ケ浦の自邸を出発した。明治天皇に謁見するため、二頭立ての馬車で赤坂仮御所へ向かった。同行したのは御者の中村太郎 (Nakamura Taro) と従者の芳松(Yoshimatsu) であった。午前八時三十分ごろに紀尾井町清水谷において暗殺犯六名が大久保利通の乗る馬車を襲撃した。まず、芳松が襲われるが、逃亡し、近くの北白川宮邸に助けを求めた。

日本刀で馬の足を切った後、馬車から飛び降りて立ち向かった丸腰の中村太郎を刺殺した。馬車の中で書類に目を通していた大久保利通は異変に気付き馬車から出ようとしたが、島田一郎(Simada Ichiro)らは両方の扉を塞ぎ、大久保利通を捕まえ、馬車から引きずり降ろした。大久保利通は島田一郎らに対して、「無礼者!」と一喝したが、護身のための武装をしていなかったことが仇となり、なす術もなく斬殺された。

享年四十九歳。

介錯として首に突き刺された刀は地面にまで達していた。大久保利通は全身に十六箇所の傷を受けており、そのうちの半数にあたる八箇所は頭部に対するものであった。頭部は右側頭部一、後頭部二、額一、鼻下一、左顎下一、首両横各一、その他は右肩一、右腕一、右手甲二、左腕一、左手甲一、右腰一、左足膝一。事件直後に駆けつけて大久保利通の遺体を見た前島密が、「肉飛び骨砕け、又頭蓋裂けて脳の猶微動するを見る」と表現していた。

主犯は島田一郎(Simada Ichiro)、実行犯は長連豪(Cyo Tsurahide)、同じく、杉本乙菊(Sugimoto Otogiku)、脇田巧一(Wakita Koichi)、杉村文一(Sugimura Bunichi)この五名は石川県士族であった。それに島根県士族の浅井寿篤(Asai Hisaatsu)の以上、六名であった。

その中でも特に中心的存在であったのが島田一郎であった。島田一郎は加賀藩の足軽として第一次長州征伐に参加しており、明治維新後も軍人としての経歴を歩んだ。「征韓論」に共鳴しており、政変で西郷隆盛が下野したことに憤激して以後、国事に奔走する。さらに台湾出兵にあたっては杉村乙菊、長連豪らは再び従軍願いを出しており、台湾出兵中止の噂に対する反対の建白書や「佐賀の乱」の処理を批判する建白書には、島田一郎、後に「斬奸状」を起草する陸義猶（Kuga Yoshinao）が名を連ねてあった。長連豪は台湾出兵について西郷隆盛の見解を聞きに、一八七四年（明治七年）陸義猶と鹿児島入りしている。半年ほど鹿児島に滞在し、西郷隆盛の私学校で学んでいる。

長連豪が帰県した一八七六年（明治九年）十月には「神風連の乱」「秋月の乱」「萩の乱」と士族の乱が相次ぎ、島田一郎も金沢で挙兵計画に奔走するが失敗。さらに翌年の「西南戦争」では、島田一郎と長連豪が協力して挙兵計画に奔走したが、周囲の説得に苦慮している間に、四月に政府軍が熊本城に入城したとの情報を得て、勝敗は決したと計画を中止した。

この後、島田一郎らは高官暗殺に方針を変更する。杉本乙菊、脇田巧一、杉村文一らもこの時期に島田一郎の計画に参加。唯一の島根県人である浅井寿篤は、西南戦争当時警視庁巡査であり警視隊に属して従軍し、東京に凱旋していたが、禁令を犯して免職となり、暗殺計画を知って計画に加わった。

彼らの暗殺計画は複数のルートを経て、当時の警察のトップである大警視川路利良の耳にも入っていたが川路は、「石川県人になにができるか」と相手にしなかった。また陸軍大臣の高島鞆之助（Takashima Tomonosuke）が同様のことを話しているが、その証拠として「川路は現場に飛んで来て、手帳を出して人名を指差し、この六人の仕業に違いない、と手帳を叩いて涙をこぼしていた」と証言している。

島田一郎らが大久保利通「暗殺」時に持参していた斬奸状（Zankanjyo）は、島田一郎から依頼されて陸義猶が起草したものである。そこでは、罪として、以下の五罪を挙げている。

一、国会も憲法も開設せず、民権を抑圧している。
二、法令の朝令暮改が激しく、また官吏の登用に情実・コネが使われている。
三、不要な土木事業・建築により、国費を無駄使いしている。
四、国を思う志士を排斥して、内乱を引き起こした。
五、外国との条約改定を遂行せず、国威を貶めている。

「暗殺」が終わった島田一郎らは刀を捨て大久保利通に一礼をして撤収し、同日、大久保利通の罪五事と他の政府高官の罪を挙げた斬奸状を手に出頭した。事件後、伊藤博文（Ito Hirobumi）は、「大久保から手紙が来た『今から私は直ぐ参朝するから貴君も直ぐ来て下さい』と云ふ文意である。何でも朝殺される僅か数分前に書かれたものだ。赤坂の方から参内する。向ふは紀尾井坂より行つた。赤坂の内閣に出ると『凶変を知つて居るか。今大久保公が殺された』というとぢや。実に意外なことで誠に残念千万の次第であつた。即ち此の時、公が我輩に贈られた手紙は大久保公の絶筆である」と語った。事件の翌日の五月十五日に大久保利通に正二位右大臣が追贈され、大久保利通及び御者の中村太郎の慰霊式が行われ、十七日に両者の葬儀が行われた。大久保利通の葬儀は大久保邸に会する者千二百名近く、費用は四千五百円余りという近代日本史上最初の「国葬」級となった。

この事件を機に、政府高官が移動する際は、数人の近衛兵らによる護衛が付くようになった。警察の捜査は厳重を極め、「斬奸状」を起草した陸義猶や、島田一郎に頼まれ斬奸状を各新聞社に投稿した者、また、事件を聞いて快哉との手紙を国許に送った石川県人など三十名が逮捕された。要旨を短く紹介した新聞社は即日、七日間の発行停止を命じられた。

政府は暗殺犯を刑法上規定がない「国事犯」として、大審院に「臨時裁判所」を開設して裁判を行った。臨時裁判所は形式上は大審院の中に存在するが、実際は、太政官の決裁により開設、太政官から司法省に委任された権限に基づいて判決を下すという事実上の行政裁判所であった。司法卿によって任命された判事らは判決案を作成し司法省に伺いを立て、司法省では、これを受けて七月十七日に太政官に伺書を提出した。太政官は七月二十五日に決裁し、七月二十七日に六名は判決を言い渡され、即日、斬罪となった。斬奸状を起草した陸義猶は終身刑に処せられたが、大日本憲法発布により特赦を受けて釈放された。

「斬奸状」には大久保利通が公金を私財の肥やしにしたと指摘の言葉があったが、実際は真逆で本来は公費にて実施すべき必要な公共事業を自身の私財で行うなど、金銭については潔白な政治家だった。政府としては、このまま「維新の三傑」である大久保利通の遺族が路頭に迷うのは忍びないということで、協議の上、大久保利通が生前に鹿児島県庁に学校費として寄付した八千円を回収し、さらに八千円の募金を集めて、この一万六千円で遺族を養うこととした。

遺品となった懐中の手紙と暗殺時の馬車、刀剣の行方を記しておこう。

大久保利通は家族にも内緒で、生前の西郷隆盛から送られた手紙を入れた袋を持ち歩き、暗殺された時にも西郷隆盛からの手紙を二通懐に入れていた。事件後は陸軍大臣の大山巌（Oyama Iwao）が血染めになったそれを所持したとされている。また、同じく「暗殺」時に所持していた血痕が付いた楠本正隆からの書簡は「大久保利通関係資料」として重要文化財に指定され、博物館が所蔵。

大久保利通が「暗殺」時に乗っていた血染めの英国製馬車は大久保家高輪別邸内の祠で保存されていたが、永代供養のため五流会館に奉納され現存する。高輪別邸の祠は規模を縮小し、現在もマンション「高輪ハウス」の敷地東南角に「大久保利通公を祀る祠」として佇んでいる。島田一郎が大久保を惨殺した日本刀と鞘は警視庁に押収され、警視庁本庁二階の警察参考室にある。

さて、大久保利通はどんな人生を歩んだのか。

幕末・明治前期の政治家。木戸孝允（Kido Takayoshi）、西郷隆盛とともに「維新三傑」の一人。薩摩藩下級武士の出身。

その生涯は、幕末討幕派の下級武士から維新政府官僚に成長、転身する前半と、政府の最高の実権者として独裁体制を確立し、富国強兵のための開明的政策を順次施行した後半の二期に区分できる。利通は一八三〇年（文政十三年）八月十日、鹿児島城下高麗町で生まれ、まもなく加治屋町に移り住む。生家は西郷隆盛の家格と同じく、御小姓与に属した。利通は十七歳で記録所書役助に任ぜられたが、嘉永二年に起こった薩摩藩主の家督争いである「お由良（Oyura）騒動」に巻き込まれ、父利世が流罪になったため、一家は困窮した。このとき利通は藩内の尊攘派下士たちと交わり、政治に開眼した。

その後、島津斉彬（Nariakira）が家督を継いで藩の実権を握ると、父利世は赦免された。そのころ利通は、藩主島津斉彬のもとで西郷隆盛らと志を通じ、同藩の改革派下士層の中心として活躍を始めた。しかし、安政五年、斉彬の死去、安政の大獄を契機に、利通は島津久光のもとで藩の意見の統一を図り、「公武合体」運動を推進する方向で活躍した。

藩主久光（Hisamitsu）の引き立てによって、利通は勘定方小頭、ついで御小納戸頭取へ昇任し、藩政の中枢へ進出した。当時、大久保利通は藩政指導層と下士層を結ぶ要にあり、しだいに藩政の実権を掌握する立場に接近した。

一八六六年（慶応二年）、かねて西郷隆盛と提携して活躍していた大久保利通は、長州藩士品川弥二郎（Sinagawa Yajiro）らとも結び、さらに討幕派公卿の岩倉具視（Iwakura Tomomi）をも引き入れ薩長同盟を締結するに及び、その立場は藩政の方針を超えて、「公武合体」から武力討幕へと転換するに至った。こうして大久保利通や西郷隆盛らは、朝廷より薩摩藩あてに討幕の密勅を下賜させることに成功し、討幕派の有力者として王政復古の大号令発布を実現させた。

十一月、同志四十余人と脱藩を企画する。しかし、新藩主・島津茂久（Sigehisa）から親書を降され思い留まる。

同月、藩主の実父・久光に時事の建言を行い、税所篤（Saisho Atsushi）の助力で接近する。篤の兄で吉祥院（Kisshoin）の住職が久光の囲碁相手であったことから、乗願経由で手紙を渡したりもしている。

一八六〇年（万延元年）、久光と初めて面会し、三月、勘定方小頭格となる。

一八六一年（文久元年）、同志と謀り、町田家が秘蔵する楠木正成（Kusunoki Masashige）の木像を請い受けて伊集院石谷（Ijuin Ishidani）に社殿を造営する。同年十月、御小納戸役に抜擢され藩政に参与、家格も一代新番となる。一月中旬までの間に久光から一蔵（Ichizo）の名を賜る。元年、久光の内命により京都に上る。

一八六二年（文久二年）、正月より久光を擁立して京都の政局に関わり、公家の岩倉具視らとともに公武合体（Kobugattai）路線を指向して、一橋慶喜の将軍後見役、福井藩主・松平慶永就任などを進めた。同年正月十四日、前左大臣・近衛忠熙（Konoe Tadahiro）、忠房（Tadafusa）父子に謁して、久光の上京、国事周旋を行うことを内々に上陳。同年二月一日、近衛父子の書を携えて帰藩。同月十二日、島津久光に召喚された西郷隆盛が大久保らの進言を受けて奄美大島より戻る。翌十三日、小松清廉（Komatu Kiyokado）邸において、西郷隆盛らと島津久光上京についで打ち合わせをする。

三月に入り、村田新八（Murata Shinpachi）らと共に西郷隆盛が先発して上京。同月十六日、藩主島津久光は公武合体運動推進のため千人を超える兵を率いて上京の途に就く。

大久保利通はこれに従った。

同月三十日、兵に先駆けて、下関より西郷隆盛の後を追って大久保利通のみ急遽東上する。

四月六日、西郷隆盛と会い、京都大坂の形勢を談ずる。同月八日、播州大蔵谷において島津久光を迎える。同月十六日、島津久光入京する。大久保利通はこれに随行。翌十七日、久光は浪士鎮撫の勅命を受ける。

五月六日、大久保利通は、正親町三条実愛、中山忠能、岩倉具視ら諸卿に謁して、勅使を関東に下向させることについて建策する。同月九日、島津久光、勅使の随行を命じられる。同月二十日、御小納戸頭取に昇進。この昇進により、島津久光の側近となる。同日、久光が関東に向けて進発する。大久保利通はこれに随行。同月二十八日、大久保利通は、大原勅使に謁したうえで、幕閣が勅命を奉じない場合、決心する所があることを告げる。

八月二十一日、島津久光、江戸を出発し西上する。大久保利通はこれに随行する。翌閏八月七日京都に着く。同月九日に島津久光による参内、復命。大久保利通はこれに随う。同月二十三日、藩主島津久光帰藩のため京都を出発する。これにも随行。同月三十日、大久保利通は御用取次見習となる。

一八六三年（文久三年）二月十日には、御側役に昇進する。

一八六五年（慶応元年）一月下旬から五月の間に利通と改諱する。

一八六六年（慶応二年）、第二次長州征伐に反対し、薩摩藩の出兵拒否を行う。

一八六七年（慶応三年）、雄藩会議の開催を計画し、四侯会議を開催させる。しかし、四侯会議は徳川慶喜によって頓挫させられたため、今までの公武合体路線を改めて武力倒幕路線を指向することとなる。西郷隆盛とともに公儀政体派である土佐藩の後藤象二郎、寺村道成、真辺正心、福岡孝弟、浪人の坂本龍馬、中岡慎太郎との間で将軍職の廃止、新政府の樹立等に関する薩土盟約を三本木の料亭にて結ぶも、思惑の違いから短期間で破棄。

武力による新政府樹立を目指す大久保利通・西郷隆盛は八月十四日に長州藩の柏村数馬に武力政変計画を打ち明けた。それを機に九月八日に薩摩藩の大久保利通・西郷西郷と長州藩の広沢真臣・品川弥二郎、広島藩の辻維岳が京都で会し、出兵協定である三藩盟約を結ぶ。

十月十四日、正親町三条実愛から「倒幕の密約」の詔書を引き出した大久保利通は、西郷隆盛らと詔書の請書に署名し、倒幕実行の直前まで持ち込むことに成功した。だが、翌日に土佐藩の建白を受けていた将軍・徳川慶喜が大政奉還を果たしたため、岩倉具視ら倒幕派公家とともに、王政復古の大号令を計画して実行する。王政復古の後、参与に任命され、小御所会議にて徳川慶喜の辞官納地を主張。

一八六八年（慶応四年）一月二十三日、太政官にて大坂への遷都を主張する。

一八六九年（明治二年）二月二十二日に参議に就任し、版籍奉還、廃藩置県などの明治政府の中央集権体制確立を行う。

一八七一年（明治四年）には大蔵卿に就任し、岩倉使節団の副使として外遊する。明治六年に帰国。外遊中に留守政府で問題になっていた朝鮮出兵を巡る征韓論論争では、西郷隆盛や板垣退助ら征韓派と対立し、明治六年の政変にて西郷隆盛らを失脚させる。同年に内務省を設置し、自ら初代内務卿として実権を握ると、学制や地租改正、徴兵令などを実施した。さらに「富国強兵」をスローガンとして、殖産興業政策を推進した。

一八七四年（明治七年）二月、「佐賀の乱」が勃発すると、ただちに自ら鎮台兵を率いて遠征、鎮圧している。首謀者の江藤新平ら十三人を、法に依らない法で処刑した。さらに江藤新平の刎ねた首を写真撮影して、全国の県庁で晒し者にした。

また四月に台湾出兵が行われると、戦後処理のために全権弁理大臣として九月十四日に清国に渡った。交渉の末、十月三十一日、清国が台湾出兵を義挙と認め、五十万両の償金を支払うことを定めた日清両国間互換条款・互換憑単に調印する。また、出兵の経験から、明治八年五月、太政大臣の三条実美に海運政策樹立に関する意見書を提出した。

当時、大久保利通への権力の集中は「有司専制」として批判された。また、現在に至るまでの日本の官僚機構の基礎は、内務省を設置した大久保利通によって築かれたともいわれている。

一八七七年（明治十年）には、西南戦争で京都にて政府軍を指揮した。また、自ら総裁となり、上野公園で八月二十一日から十一月三十日まで、第一回国内勧業博覧会を開催した。その後、人々からの要請に乗る形で自らが宮内卿に就任することで、明治政府と天皇の一体化を行う構想を抱いていた。

大久保利通は明治維新の指導者となると、新政府の成立とともに、参与から徴士、そして参与内国事務局判事、さらに参議へ昇任して内政の中枢を握り、また木戸孝允らとともに、版籍奉還、ついで廃藩置県を断行した。当時、元討幕派公卿と薩長土肥などの雄藩出身者から構成される雄藩連合政権のもとで、大蔵省を拠点に木戸孝允と結んでいた大蔵卿大隈重信の開明的姿勢と比べて、利通は保守的そして漸進的態度をとり、その政治勢力も木戸、大隈らのそれに一歩譲っていた。

しかし廃藩置県の直前に、大蔵卿に就任すると、政府財政の基礎確立のため地租改正を提案し、のちに地租改正事務局総裁としてその事業にあたった。また富国強兵を目ざして、殖産興業政策を発足させることになる。それに先だって、明治四年、利通は、岩倉具視特命全権大使が率いる遣外使節団の米欧巡回に副使として加わり、米欧先進諸国を視察し、特にイギリスでは工業と貿易の発展、ドイツでは軍事力の拡充などに注目、強い衝撃を受けた。

約一年半余りの外遊から帰国した利通は、その対外経験から、国力充実の必要を説き、西郷隆盛らの征韓論を退け、彼らを下野させたのち、内政担当の中央官庁である内務省の新設を構想して、それを発足させた。同省は勧業、警保を中心に殖産行政と警察行政を担当、資本主義の育成と民衆運動に対する治安取締りにあたり、大久保利通が参議内務卿として独裁支配を振るう基盤となった。

いわゆる大久保政権とは、旧討幕派雄藩出身の政府官僚を中心に、一部の旧幕臣出身者などを含めて固めた内務省中心の大久保専制支配であり、最初の絶対主義統一政権であった。同省に依拠した大久保利通は、一方で農林、牧畜部門などの在来産業に配慮した殖産興業改策を進め、そして他方で、西南戦争を通じて、旧盟友の西郷隆盛を支持する不平士族反乱軍を武力鎮圧し、地租軽減の一時的譲歩で農民一揆の高揚を回避して、窮地に立たされていた政治危機を乗り越えた。幕末政争以来、大久保利通の政治的行動は、終始権力の中枢に密着し、内務省開設以後は同省を基盤に独裁政治を進めた絶対主義官僚であったため、不平士族の島田一郎らに批判されていた。


明治十一年五月十四日、馬車で皇居へ向かっていた。大久保はその時、亡き西郷隆盛の生前の頃の手紙を読んでいたとされている。その途中、紀尾井坂付近の清水谷にて六人の不平士族に殺害された。

享年四十九。

この事件は「紀尾井坂の変」と呼ばれている。大久保利通の政治的力量は、将来についての鋭い展望の能力と、現実に立脚した着実な漸進主義という点で、当時の政府官僚群のなかではもっとも優れていたが、反面、冷徹で非情な性格の持ち主でもあったといわれる。

Session 9　長州閥の奇才。初代首相、ハルピンで「暗殺」される。

伊藤博文（Ito Hirobumi）――奇才である。

長州藩の足軽の貧しい家の子として育ち、時の流れの如く発生した乱世の明治維新。伊藤博文は明治維新を自らの身の危険を顧みず、不思議な力を得て身体を張り、なんと予期しない状況の中を泳ぎ出したのだ。

時世、時節だ、足軽風情が……。鼻歌でも歌いたいが、止めだ。だが、笑い事ではない。「新しい時代」を創る明治政府の中の有望なライバルが次々と姿を消すなか、伊藤博文は胸を張り、人を動かしだしたのだ。盟友、井上馨（Inoue Kaoru）、木戸孝允、などと共に、伊藤博文は政府指導者の一人として地位を確保、辣腕を振るいだした。

また、伊藤博文は井上毅（Kowashi）、伊東巳代治（Ito Miyoji）、金子堅太郎（Kaneko Kentaro）らと共に憲法や皇室典範（Koshitsutenpan）、貴族院令、衆議院議員選挙法などの草案の起草にあたり、実績を出したのだ。それと同時に枢密院（Sumitsuin）が創設されると伊藤博文はその議長にも就任し、憲法草案の審議にあたった。

「足軽風情」から日本の初代総理大臣に就任した伊藤博文。みんな驚きだ。出世の速さに。そんな事は次々に発案される案件に伊藤博文は翻弄されていたが、国際的にも降り掛かる様々な問題の処理に追われながらも、それぞれ解決していた。

その一つがアジアの中の重要なポジショニングを占める「大韓帝国」問題であった。「大韓帝国」は朝鮮の李王朝が一八九七年（明治三十年）に採用した国号で、日韓併合一九〇九年（明治四十二年）の滅亡に至るまで李氏朝鮮が用いた国号であった。日本は日清戦争に勝利したことで、一八九五年（明治二十七年）に下関条約で「大韓帝国」を清朝の冊封体制から離脱させた。

それを受けて、清朝との宗属関係も消滅した自主独立国家となったことを内外に示すため、第二十六代李氏朝鮮王である高宗（Koso）が皇帝に即位し、あわせて国号も改称した。ただし、専制政治・経済機構は李氏朝鮮時代の状況が続いた。

朝鮮半島最後の専制君主であるが、日露戦争後は日本の保護国となり、一九一〇年（明治四十三年）八月の韓国併合によった日本政府は「大韓帝国」対策の専門部署を設け、京城（ソウル）に置いていた。名前は「韓国統監」（Resident General in Korea）とし、初代の総監は伊藤博文であった。だが、難しい問題が多く累積していた。

「大韓帝国」内では一八九四年（明治二十六年）に「甲午農民戦争」が起こり、専制的支配や外国勢力に反対する農民たちが、朝鮮南部を中心に蜂起していた。この暴動の処理を巡って、大日本帝国と「清国」の対立が激化し、日清戦争に発展する可能性があった。

また、大日本帝国は清朝勢力の強化を恐れると同時に朝鮮に出兵した。「人韓帝国」は、この反乱を鎮圧するために、「清国」に軍隊の派遣を求めた。しかし、日本は「清国」に先を越されたことに抵抗を感じて、対抗部隊を「大韓帝国」内に送った。アジアに存在する「大韓帝国」の存在に対してどう対処するかであった。

「大韓帝国」の利権に関してはロシア帝国（Rossian Enpire）と清国、共に憲法や皇室典範、貴族院令、衆議院議員選挙法などの草案の起草にあたった。朝鮮半島最後の専制君主国であるが、日露戦争後は日本の保護国となり、一九一〇年（明治四十三年）八月の韓国併合（The annexation of Korea）によって滅亡した日本政府は「大韓帝国」対策の専門部署を設け、京城に置いていた。

一九〇九年（明治四十二年）十月二十六日、朝八時。伊藤博文は中国東北部の凍土の中に建設されたシベリア（Siberia）鉄道の哈爾濱（Harupin）の駅舎に停車した列車の中にいた。

今回の会談は「韓国帝国」問題ではなかった。ロシアとの問題であった。会談まで時間がある。伊藤博文は列車の中の椅子に座り、ブランデー（Brandy）入りの紅茶を飲んでいた。停車中の列車の窓を眺めるとロシア風様式の哈爾濱駅舎。白樺を燃やすペチカ（Pechika）から立ち昇る白い煙。その白い煙が「地の果て」満州（Manzhou）までの時間を認識させた。

今日は、重要な会議である。会談の相手はロシア帝国の皇太子ニコライ二世（Nikolai Aleksandrovich Romanov）に指名されたロシア帝国の首相や大蔵大臣の経験者ウラジミール・

ココツェフ（Vladimir Kokovtsov）伯爵であった。伊藤博文は韓国統監を退任したばかりであった。日本の官庁の中では「生の情報」がすぐ手に入る抜群のポジションだった。なぜなら韓国のことなら、関東軍の情報管理があり、隅々までの韓国情報が入る唯一の官庁だったからだ。

伊藤博文も満蒙問題や朝鮮半島問題に関しては各々重大な問題だと考え、東京から満蒙の地、哈爾濱駅まで来たのだ。現地にはニコライ皇太子は不在であったが気を遣い、会談を市内のホテルや料亭に席を設けず、列車内で設定された。その背景には哈爾濱の治安の悪さが懸念されたからである。

ウラジミール・ココツェフ伯爵は伊藤博文との会談をモスクワ（Mockba）行のシベリア鉄道の車内で決行する予定であった。一方、伊藤博文は長春（Cyoshun）まで乗車してきた南満州鉄道の列車内で会談を行う予定と考えていた。

朝、九時。列車が長春から着いたばかりだが、哈爾濱駅一階の通路にはロシア帝国と清国の儀仗兵が整列していた。その儀仗兵の中をモスクワから到着した列車から降りたウラジミール・ココツェフ伯爵が哈爾濱駅頭に向かってゆっくりと歩き、伊藤博文が乗車してきた列車に近づき、「閣下にご挨拶をしたい」と秘書官を呼び、列車に乗り込んで来た。

その機会を捉え、伊藤博文は列車の中から、ウラジミール・ココツェフ伯爵に対してこう提案した。

「では、この列車はどうか？」「いや、モスクワ行の列車でお願いしたい。儀仗兵が整列しているので」「了解した。ところで、紅茶如何かな。ブランデーを少々、落として」「頂戴するか」

ウラジミール・ココツェフ伯爵は日本人の給仕に紅茶を注文しながら伊藤博文に何事か話しかけていた。その後、紅茶を左手に持ちながら列車の外を眺めた後、「ロシア帝国の儀仗兵が哈爾濱の駅舎にいる。ぜひ、伊藤博文閣下に閲兵をしていただきたい」と言った。伊藤博文は「いや、今日は平服だ。遠慮する」と伝えたが「ぜひ！」とウラジミール・ココツェフ伯爵が無理強いした。

伊藤博文は、閲兵を行わないと伯爵になにか不都合があるのか、などと思いながら伊藤博文は車内で十分ほど歓談したが、ウラジミール・ココツェフ伯爵が、「ロシア側の列車に宴の席を設けているのでぜひ招待したい」と言う。伊藤博文はこの招待を受けて、列車を移動することにした。

列車を移る際に、ウラジミール・ココツェフ伯爵は伊藤博文に敬意を表すために二十人ほどのロシアの儀仗兵を整列させた。伊藤博文はウラジミール・ココツェフ伯爵の顔を視て列車の外に出た。

伊藤博文が襲われ、命を落とした哈爾濱は、中国東北地方の最大の都市。現在、人口は千数百万人を越す超現代的な大都市である。今から二百五十年前の哈爾濱は、シベリアの大河松花江河畔の寒村で「香坊」と言われていた。「香坊」(Kobo) はシベリアの大地を歩く狩人ツングース (Tunguses) たちの溜り場で、村の中の数件では獣の肉を焼き、大河で採れる鱒や岩魚を調理して食わせていた。

厳冬の部落一帯は冬将軍が居座り、人をまったく寄せつけなかった。そんな頑固な「香坊」の大地を溶かし、シベリアに住む中国人は、この二百数十年で住人一千数百万人をも超えるモスクワ風の市街にしたのである。

その労働の口火を切ったのが日本海側の港町ウラジオストク（Vladivostok）に居た日本人であった。この港町には「稲佐衆（Inasasyu）」と呼ばれる「船乗り」集団、百二、三十名もの日本人たちがウラジオストクで暮らしていた。

なぜ、江戸幕府が鎖国中だったのも関わらず「稲佐衆」と呼ばれる集団が、こんな極寒の外国に暮らしていたのか。

「稲佐」とは長崎港に江戸時代にあった遊郭である。かつて鎖国時代多くの外国船が函館や長崎に寄港し、「開国」を要求した。その頃である。ロシアからも蒸気船が日本の沿岸に寄港していた。ロシア船の寄港地は長崎であった。それも冬場は航海ができない。港に停泊するか、南洋方面を航行するかである。

そんな船団に良い知らせを与えたのが、当時、外遊していたロシア皇帝の皇太子ニコライ二世であった。日本を訪れた折に「稲佐遊郭」に下船したと伝えられる。皇太子は日本海を北上、ウラジオストクから馬車を連ねてモスクワに帰国。

皇太子はロシア皇帝に新たな責務を押し付けられていた。それはウラジオストクからモスクワまで九千二百五十九キロにも及ぶシベリア鉄道の建設であった。その建設に意欲を燃やし、多くの日本人をウラジオストクの港から雇いあげ、ロシアの大地シベリアに鉄路を施設したのである。その工事の第一目標が哈爾濱駅までの鉄路と駅の建設であった。

白樺が燃えるペチカ。遥か彼方には巨大な山脈興安嶺（Koanrei）が聳え、鷲が翼を広げ大空を舞う、ハルピンからウラジオストクまで百キロ。現在、太平洋に面したロシア最大の港であり、ロシア極東の経済、科学、文化の中心地であり、ロシアにおける重要な観光地でもある。シベリア鉄道の終着駅として、観光客が多く訪れる。

極東連邦管区の行政の中心地であり、ロシア海軍の太平洋艦隊の司令部が置かれている。その地理的位置とロシア文化から、「極東のヨーロッパ」とも呼ばれていた。太平洋と日本海に面したウラジオストクには多くの外国領事館や企業が事務所を構えており、毎年「東方経済フォーラム」が開催されている。ウラジオストクの年間平均気温は約五度と、海岸沿いの都市としては寒冷な気候である。これは、冬に広大なユーラシア（Eurasia）大陸から吹く風が、海水温を下げるためである。

伊藤博文はシベリア鉄道のホームを眺めていた。その眼前で、ロシア帝国の儀仗兵は捧げ銃をしてホームに一列で並んでいた。

伊藤博文は平服であったために閲兵を一度辞退したが、ウラジミール・ココツェフ伯爵が重ねて希望するので伊藤博文は駅のホームに出て、整列しているロシア兵の閲兵を受け、それに応え伊藤博文は敬礼を返し、伯爵は満足そうな笑顔を返した。

その時である。整列した儀仗兵と儀仗兵の間から一人の男が飛び出した。伊藤博文らは一列になってロシアの関係者と握手を交わしていた。乗客を装って近づいた「テロリスト（Terorisuto）」が、ロシア兵の隊列の脇から手を伸ばし、至近距離から伊藤博文に向け、散弾銃を乱射したのだ。

慌てた御付きの医者は伊藤博文を庇い、列車の中に引き入れた。重症だ。伊藤博文を先導して前に立っていた哈爾濱の日本総領事は、身を翻した際に銃弾が右腕から腹部に入り重傷を負ったが、この一発と合わせて四発が最初の連射であった。伊藤博文のすぐ後ろにいて数発の弾丸を受けた男は奇跡的に軽傷であった。流れ弾が、その後ろにいた秘書官の右腕から肩にかけて通り抜けていた。さらに満鉄総裁の衣類や同理事の右の靴も、銃弾が貫通していた。

ロシアの捜査記録によると、最初の二連射があった。「テロリスト」は三発目を左手で右肘に添えて冷静に狙い撃ったとされる。直後にロシア鉄道警察の署長騎兵大尉が犯人を捕えようと飛びかかったが、「テロリスト」はこれを力まかせで振り払って、銃撃を続けようとした。周りにいたロシア兵が加勢して「テロリスト」を地面に引き倒し、その際にピストルが手から落ちた。

駅構内には清国兵、外国領事や在留日本人の歓迎団なども控えていた。驚愕した儀仗兵は「テロリスト」に飛び掛かり、三人がかりでホームの石畳の上に捻じ伏せた。ロシア兵の証言では、「テロリスト」は最後の銃弾で自殺を試みたが、失敗したようだ」と言う。

「テロリスト」はロシア官憲に哈爾濱駅ホームで逮捕され停車場の一室に連行された。その際に、

「テロリスト」はロシア語で「韓国万歳！」「韓国万歳！」と大声で叫んだ。後の供述では、朝鮮語ではなくロシア語を用いたのは「世界の人々にもっともわかる言葉を選んだ」のだと言った。

　伊藤博文は胸と腹部に被弾して、「三発貰った！　誰が引き金を引いた！」と言って床に倒れた。添乗員がすぐに駆け寄って伊藤博文を抱きかかえ、ロシア軍の将校と兵士の介助で列車内に運び込んだ。同行の宮内庁御用係で主治医が治療にあたって止血を試み、歓迎のために駅に来ていた日本人医師、ロシア人医師がこれを援助。秘書官は日本本国に電報を打ち、凶報を現総理と伊藤博文夫人に伝えた。

　伊藤博文は少しブランデーを口にして、しばらく意識があった。犯人は誰かと聞き、ロシア官憲からの報告でそれが朝鮮人だと聞いて、「そうか！」と一言、短く言った。伊藤博文は御付きも被弾したと聞いて心配していたが、伊藤博文はすぐに助からぬとわかるほど重傷だった。

　ロシア政府から提出された診断書によると、三ヵ所の銃創で内、二発が致命傷であった。第一弾は右上膊中央外面から貫通して第七肋間に向かい、水平に射入したもので、胸内に出血が多く、おそらく弾は左肺の内部にあるとされた。第二弾は右肘関節外側からその関節を通じて第九肋間に入り、胸腹を穿通し、弾を留めていた。第三弾は上腹部中央に右側から射入し、左直腹筋の中に留まっていた。

　伊藤博文は次第に衰弱し、昏睡状態に陥り、約三十分後に死亡した。

暗殺事件発生にロシア側は驚愕した。ウラジミール・ココツェフ伯爵はまず電報局に急ぎ、イタリアのナポリに外遊中だった皇帝ニコライ二世に急報した。

十一時十五分。

ウラジミール・ココツェフ伯爵は少々取り乱していたが、伊藤博文に最後の別れをするために特別列車に戻ってきた。伊藤博文の随員に犯人の詳細と謝罪とを伝えると、遺骸の前に跪いて哀悼の意を表した。日本側はできるだけ早く哈爾濱を離れることに決め、秘書官がロシア側と交渉し、長春に向けて出発させることを了承させた。

十一時四十分。

哈爾濱を発車、午後四時には長春に到着。そこから南満州鉄道で大連に向かった。

十月二十八日午前十一時。伊藤博文の亡骸は大連港から、軍艦秋津洲に乗せて、急ぎ横須賀に送り出された。十一月四日、東京・日比谷公園に於いて国葬が行われた。伊藤博文。享年六十九。

一九〇九年（明治四十一年）十月二十六日。元内閣総理大臣伊藤博文はロシアのシベリア鉄道哈爾濱駅構内で襲撃され、「暗殺」された。「テロリスト」は朝鮮人の民族運動家安重根（An Chung-gun）であった。犯人はロシア官憲に逮捕されて日本の関東都府に引き渡された。本人が「重根」という名を使い始めたのはテロの直前であるという。

「テロリスト」安重根の生家は資産家であった。多数の土地から小作料を取って生活する地方の両班（Yanban）であり、祖父・安仁寿が鎮海県監を務めるなどの地元の名家であった。父・安泰勲は幼少から英才として知られ、科挙を受けて進士に合格し、京城で開化派が選抜した七十名の海外留学生に選ばれた。だが、甲申政変で開化派が失脚した影響で、学生も排斥され、立身の道を閉ざされた。この際に、仁寿は家財を売り、安一族を連れて青溪洞に移住した。

仁寿は教育に熱心で、六歳の安重根を漢文学校に入れ、次いで普通学校で学ばせたが、十四歳の時に祖父が亡くなると、安重根は半年間学業を中断する。安重根は不学をむしろ誇り、長じて、狩猟、銃、飲酒、歌舞、義侠を好む浪費家となった。

十六歳で妻を娶り、後に二男一女をもうけた。この年「東学党の乱」があった。東学党が郡内で外国人排斥や官吏を殺害して暴れまわっていたのを憂い、七十名余の私兵を集めて自警団を組織して青溪洞に避難民や宣教師を保護した。東学党、農民軍とも戦ってこれを撃退し、安重根もこの時重傷を負った。

泰勲は京城に赴き、法官に三度無実を訴えたが、聞き入れられず、判決もでなかった。そのうちに閔の手勢に襲撃され、安重根一族はパリ外国宣教師教会から派遣されていたフランス人の司祭に匿われた。この一件の後、泰勲は布教に熱心になり、安重根も洗礼を受けて十七歳で改宗し、洗礼名を「トマ」とした。安重根は熱心な信者となって、洪神父から数ヵ月フランス語を学んで見識を広げたので、洪神父と西洋教育の大学校を開こうと相談した。それを閔主教に掛け合ったが、「韓国人にもし学問があっても信教によいことはない」と拒絶された。

再三の要請が拒否された後、安重根は厭いてしまった。「日本語を学ぶ者は日本の奴隷になり」

「英語を学ぶ者は英国の奴隷となる」「もしフランス語を習得すればフランスの奴隷になるのを免れるのは難しい。もし韓国の威が世界に振るえば、世界の人も韓国語を用いることになる」だから必要ないとして外国語学習を辞めてしまった。

一九〇四年（明治三十七年）、日本とロシアが朝鮮半島などの植民地領有を巡って争った日露戦争が勃発した。安重根は日露のいずれが勝っても韓国は勝者の属国であり、行く末を悲観した。他方で安重根は宣戦布告の文面で「東洋の平和を維持し、韓国の独立を強固にする」ためとする建前を信じていて、その大義を日本が守らないのはすべて政治家が悪いのであり、伊藤博文の策略のせいであると考えていた。

しかし、伊藤博文の勢力が今は強く、これに抵抗しても徒死するだけで無益だと、安重根と泰勲は話し合い、清国の山東半島や上海には韓国人が多数居留していると聞いていたので、安重根一族も外国に亡命して安全を図るべきだと考えて、安重根がまず下見に行くことになった。ところが、上海で旧知の神父が帰国するのに遭遇し、フランス人の彼により朝鮮民族の危機を諭され、外国に逃亡、外国の力を借りて民族独立を計ろうというのは間違いであると指摘されて、大韓帝国の独立について二千万の同胞朝鮮民族が団結するべきという意見を持つようになったという。

一九〇六年（明治三十九年）、私財を投じて三興学校と敦義学校を二つ設立した。

一九〇七年（明治四十年）、父の知人金進士から白頭山よりも北方にあるウラジオストクには韓人百数万人が居留して物産豊富であると教えられて、ロシアの地で事業を起こすことを考えるようになった。だが、先に資金を調達すべく平壌で友人らと石炭商を営み始めた。しかし、これに失敗、数千元という多額の金を失った。この頃、国際保障運動にも参加して大韓帝国が負った日本からの強制円借款の返済を目指していたが、探偵にきた日本人巡査と議論して殴られ喧嘩した。

国内が不穏となると、安重根は急に家族を置いて、安多黙と名乗って友人と共に間島（Kanto）へ渡った。だが、間島にも日本軍が進出していて、足の踏み場もないような状態だった。

仕方なしに各地方を視察した後、夏の終わりにロシア領に入ってウラジオストクに到着した。ウラジオストクで知り合った男は、間島管理使として清国と戦い、日露戦争時にはロシアに協力して亡命中の人物で、安重根は大韓独立のために兵を起こし伊藤博文を倒そうと議論したが、その人物に財政的準備がないと拒否された。しかし、別に二人の義侠と知り合い、彼らと義兄弟の契りを結び、三人で韓国人を相手に義を挙げる演説を各地で行った。

彼らは、「日露が開戦した時に宣戦布告文で東洋平和の維持と韓国独立を明示しながらその信義を守らず、反って韓国を侵略して五箇条条約や七箇条条約を課し、政権掌握、皇帝廃位、軍隊解散、鉄道、鉱山、森林、河川を掠奪した」と日本を非難し、それに怒った、「二千万の民族が三千里の国内で義兵として蜂起しているが、賊は強く義兵を暴徒と見なして殺戮すること十万に至る」と苦境を訴えた。

日本の対韓政策がこのように残虐であるのは、「日本の大政治家で老賊の伊藤博文」であり、伊藤博文は日本の保護を受けて平和であると、「天皇を欺き、外国列強を欺き、その耳目を掩うて」奸計を弄しており、よって、「この賊を誅殺しなければ、韓国は必ず滅び、東洋もまさに亡びる」と演説して伊藤博文「暗殺」の同志を募った。その一方で独立運動の火が消えてしまわないように義兵運動の継続も訴えた。

これに応じる者、あるいは賛同して資金を出す者があり、三百名の義兵を組織することができた。日本軍人と民間人とを捕虜としたが、「万国法で捕虜の殺戮は禁止されているから釈放すべし」という安重根と、「日本人を殺しにきた」それをしないのはおかしいという仲間と口論して、部隊を分かち別行動をしたところで日本軍に襲撃され、散り散りになってしまった。

その後、集結するも七十名程度に減り、食料が無くなり、村落で残飯を恵んでもらう有様となり、仲間を探している途中で再度伏兵狙撃にあって部隊は四散した。数名で苦労して豆満江（Tomanko）から戻ってきて、安重根は「敗軍の将」として生還した。豆満江は、中朝国境の白頭山に源を発し、中華人民共和国、朝鮮民主主義人民共和国、ロシアの国境地帯を東へ流れ日本海に注ぐ、全長約五百キロの国際河川である。豆満江は朝鮮での呼称で、韓国と北朝鮮に於いての違いはない。

一九〇九年（明治四十二年）正月、同志十二名と共に「断指同盟」を結成して薬指を詰め、その血で大極旗の前面に「大韓獨立」の文字を書き染めて決起した。

満州鉄道関連施設で捜査権を持っていたロシア官憲は、すぐに背後関係を調べて二十名余を尋問し、八名を新たに拘束した。逮捕したロシアではこれらを韓国国籍者と断じて、日韓協約により韓国人の管理指揮権を持つ日本の管轄として即座に日本当局への送致を決定した。安重根ら九名は結局ロシア公館に二日間拘留されたが、日本領事館に移送されて領事官による形式的な取り調べを受けた。

十月二十七日に外相小村寿太郎（Komura Jutaro）が本件を関東都督府地方法院に送致する命令を出していたので、そこからさらに旅順（Ryojun）の日本の司法当局に引き渡された。

二年前の一九〇七年（明治四十年）、金才童がハルビンで日本人を殺害した事件で、ロシアが裁判を主管する権利を主張したことがあった。このときに小村寿太郎外相が、第二次日韓協約によって在外韓国人の保護は日本の管轄になったこと、同条約により日本を介する以外で対外交渉できない韓国政府とは協議する必要はないことを総領事に訓令して対処させ、金を引き渡させたことがあった。

安重根は、ピストルのほかに短刀も所持しており、逮捕時に押収された。尋問したロシア国境管区の検事によると、安重根は最初、非常に興奮した様子だったが、自分の身元や犯行の動機について淡々と供述したという。

この時、「暗殺は自分一人の意志でやったことで、共謀者はいない」との嘘の供述もした。安重根は動機を「祖国のために復讐した」とだけ語った。ロシアの検事は安重根の声の調子について、「傲慢な声だった」と表現している。

安重根が連行される際には、まだ伊藤博文は生きていた。安重根は暗殺の成否を知らなかった。この十四時間の尋問の最中に伊藤博文の死亡を知った。安重根は暗殺成功を神に感謝して、事務室の壁に掛かっていた聖像の前で祈りをささげた。安重根は十字を切って、「私はあえて、犯罪をすることにしました。私は自分の人生を我が祖国に捧げました。これは気高き愛国者としての行動です」と述べた。

新聞は伊藤博文の暗殺をトップニュースで伝えた。速報では兇漢は、「二十歳ぐらいの朝鮮人」とし、第一報で犯人の氏名は「ウンチアン」として平壌出身の三十一歳と報じた。新聞で事件を知った洪神父には、大韓帝国のカトリック教会からは大罪を犯した安重根は収監中に官吏に対して、應七ではなく自分を洗礼名「多黙」と呼ぶよう主張したと伝えられた。ただし、死刑執行命令記録原本には、氏名を安應七と明記されており、應七と呼ばれていた可能性が高い。

安重根は旅順の関東都督府地方法院で、第一回公判は五回目の公判で最終弁論となり、公判開始からちょうど一週間後に判決の言い渡しとなった。

裁判長により決行後に逃亡や自決をしなかったのはなぜかと尋ねられると、「伊藤博文公爵を斃すことが目的ではなく韓国義軍の参謀中将として韓国独立東洋平和を成し遂げるのが終生の事業であり、自殺や逃走など卑劣なまねはせず一刻でも長く生きて、日本の暴挙を世界に告発するため」と答えた。さらに、裁判長から「公爵が命を落とし、随行員三名も負傷したことをどう感じているのか」と問われると、安重根は、「随行員の負傷は気の毒であるが、伊藤博文の死は年来の願望であった」と述べた。

予審において特に注目を集めたのが動機である。検察官に動機を尋ねられた際に、安重根は下記のような伊藤博文を暗殺した十五の理由を列挙した。この有名な十五条は当時の新聞で広く日本や世界に公表された。そのうち五つは第三次日韓協約に関するものであるが、伊藤博文との関連については少しも関係がないものや関係性がよくわからない風説の類も散見され、「大韓独立主権侵奪の元凶」として、伊藤博文を朝鮮支配の象徴とし偶像化していたことが伺える。安重根の述べた義兵と、実際の義兵運動との関わりを具体的に示す史料が存在するわけではないにも関わらず、義兵を独立運動の初めとし、安重根を独立の英雄とした事情から、韓国では両者は密接な関係にあったと信じられ、「大韓義軍」は高宗から直接支援を受けた軍事組織の一つと言われているが、本人が執筆した自伝にすらそのような話はなく、論拠には乏しい。

他方、公判において検事はこう指摘している。

「政治的動機を否定して私怨による犯行という筋書きを持って裁判を進めたので、これを論破するために本裁判においても、安重根が挙げた暗殺理由に対する疑問や歴史観、抗日活動に関する質問を盛んに交わしており、その内容は訊問調書に記録されている。義兵中将という発言も自らには伊藤博文を殺す資格があったという主張の中に登場したものである」しかし、安重根は日清戦争や日露戦争が東洋平和を維持し韓国の独立をはかるための戦争だったという肯定的な認識を述べ、「伊藤博文のよからぬ政略」がそれを妨げているから、「私の思っていることを、直ちに日本の天皇に上奏して」くれるようにと述べて、日韓協約も韓国の独立のための宣言であったという検事の指摘には、「それは信じられません」と答えた。

国際公法を知っているかという質問には「全部は知っていませんが、一部は知っています」と答えているが、万国公法の適用を訴えながらも本件がそれに該当しないことを知らなかった。安重根は、「日本が韓国に野心があろうがなかろうが、それはどうでもいいことです。東洋の平和ということを眼中に置いて、伊藤博文さんの政策が誤っていることを憎むのです」と述べ、「日本の天皇の宣言は、韓国の独立をはかり東洋平和を維持すると述べておられるのに」伊藤博文と日本の政治が「この悲惨な事実を言わないで、偽りだけを述べている」ことが伊藤博文個人を狙った理由であるとした。

韓国皇室についてては君主制度に問題があるとしながらも、日本が韓国皇太子の教育に尽力したことには「韓国民が非常に感謝」していると述べた。安重根は、日本や天皇に対して一定の敬意を表明していて、日本国や天皇ではなく、伊藤博文という政治家が個人的に悪いのだということに彼の意見は帰着する。別の日の陳述で、伊藤博文は韓国の逆賊であるだけでなく日本の大逆賊でもあり、理由の説明を口にしかけた時に過激発言であるとして裁判長の判断で公聴は途中で中断され、傍聴人には退廷が命じられたこともあった。

安重根らが逮捕されたと知った「大東共報」は募金公募した。安重根の弟安定根は、兄の写真で五種類のはがきを作り、ハワイに三百枚、サンフランシスコに五百枚を送った。また、集まった金のうち一万円の大金で英国人弁護士を雇い、一千四百円を家族の保護のための費用に当てた。また、韓国人弁護士にも多数志願するものがあったが、これらの選任は裁判長によって却下されたため、結局、安重根には二人の日本人の官選弁護人が付くことになった。

官選弁護士の一人は、まず、清国での犯罪について韓国人に対して裁判権が及ばないことを理由に治外法権があるために清国領土内における韓国人の犯罪には韓国刑法を適用すべきことを指摘して、日本帝国刑法が主管する本法廷の管轄外であると主張した。だが、これは裁判長に退けられただけでなく、安重根本人も人を殺して裁く法がないとは道理が合わぬと不満を述べる始末だった。

次に主任官選弁護士が、安重根の行動と幕末の志士とを比較して、安重根は朝鮮の志士であるという弁論を展開して、情状酌量を求め、殺人罪としてはもっとも軽い懲役三年が妥当であると主張した。しかし、判決では裁判長の政治的背景の考慮を認めず、検察の主張する私怨説に近いものを採用した。

判決は、一九一〇年（明治四十三年）二月十四日午前十時三十分頃、ロシア法学士ヤブゼンスキー夫人、韓国人弁護士安秉瓚、ロシア弁護士ミカエローフおよびロシア領事館員、安の従兄弟、そして多数の日本の新聞記者が傍聴する中で、裁判長によって言い渡された。安重根と共犯三名は全員が有罪判決を受けた。

午前十時、量刑ついて話が及ぶと、共犯者とされた男は懲役三年、もう二人には懲役一年六ヵ月の判決が下された。男は安重根が「暗殺」を計画していると知ってピストルを渡した殺人幇助の罪だけでなく、弾丸を用意し、実行直前には駅で見張りをしてその犯行を助けた殺人予備罪に問われた。もう二人はロシア語通訳として働いたのみとされ、補助罪のみが問われた。実行犯であり、殺人罪に問われた安重根には死刑が宣告された。

公判で以前に単独で暗殺を計画したが未遂に終わったと供述した男は判決に異存を述べず、そのもう一人も同様に黙っていたが、通訳として同行しただけで暗殺計画についてまったく知らなかったと供述した男は、「早く家に帰してくれ」と言って、泣きだした。しかし、連累者の刑としては比較的短期であり、軽かったことには朝鮮や欧米でも驚きがあったという。

自分は捕虜であり裁判そのものが不当であると安重根は憤慨したというが、すでに死刑は覚悟の上であり、五日以内に控訴できることが説明されると、安重根はさらに意見を言うには控訴しなければならないのかと通訳を通じて質問するなど、平然としていた。

「一日不讀書口中生荊棘」

安重根が獄中で書いた遺墨の一つである。

裁判を統轄した判事は、死刑執行までには少なくとも判決後二、三ヵ月の猶予が与えられるとしていた。しかし、内地の日本政府は、事件の重大性を鑑みて死刑の速やかな執行を命じた。また、看守を増員して監視し、周辺の巡回警備を強化するなど、奪回の動きも当局は警戒していた。安重根は上訴を行ってさらに政治主張を述べようとしていたが、そのようなことをしても棄却されるか上訴審が非公開となるだけだと考えた弁護士が、「朝鮮の志士が死を恐れるために控訴」したと思われると諭したため、二月十九日、上訴を取り下げることに安重根も同意して、刑が確定した。

安重根は公判中から許可を得て自伝である『獄中記』を書き進めており三月にこれを脱稿した。安重根はさらに『東洋平和論』を書き始めたので、担当検察官として次第に懇意となった書き終えるまでの時間的な猶予と、死刑の時に身に纏う白い絹の衣装一組の都合を願い出た。獄中には洪神父や実弟二人も面会に来た。絹衣装は他からも提供されたが、死装束の純白の韓服は従兄弟の安明根が用意して本人に渡された。

一週間程度で書いた『東洋平和論』は、結局序文を書き終えたのみで短い文章で終わった。また安重根は日本人看守らに人気で、求められるままに多数の墨書きを残している。

三月二十六日、刑場に向かう前、弟達との最後の面会が許された。これには両弁護士も同席した。安重根は弟達に妻子の面倒を頼んだ。また安重根は熱心な信者で、死ぬまでカトリック信仰を持ち続け、妻への最後の手紙では、自分の息子は聖職者になるようにと書いたという。

同日午前九時、伊藤博文の月命日と絶命した時刻に合わせて、死刑が執行された。立会人には、検察官、通訳、典獄、弁護士らが列した。安重根がキリスト教の祈祷をする猶予が与えられた後、検察官が被告に死刑執行文を読み聞かせ、遺言の有無を尋ねた。安重根は別に遺言はないが、臨検する諸君が、「東洋平和のために御尽力されることを願う」とだけ言った。

一九一〇年（明治四十三年）三月二十六日午前九時四分ごろに絞首台に登り、安重根が最後の黙祷をした後、十五分後に絶命した。弁護士は安重根の志を尊重して執行後に皆で、「東洋平和のため万歳三唱」することを願い出たが、刑務官に許されなかった。

安重根の遺体は、医師の検死の後、弁護士が特別の厚意で事前に用意していた棺に納められて、一時、監獄内の教会堂に安置された。共犯者として同監獄で受刑中の三名との告別式が行われた。弟の安定根と安恭根の二人が兄・安重根の遺体を貰い受けることを嘆願したが、拒否され、午後一時には旅順共同墓地内に埋葬された。安重根の死からさらに五ヵ月後の八月二十九日に、日韓併合により「大韓帝国」は消滅した。初代総理大臣の伊藤博文を「暗殺」した安重根の死刑を執行した関東都督府の当時の都督大島義昌（Oshima Yoshimasa）は、後の総理大臣安倍晋三の高祖父にあたるという巡り合わせであった。

Session 10　葉山の日陰茶屋。アナキスト大杉栄「暗殺」

明治・大正期、日本の代表的なアナキストと言えば大杉栄（Osugi Sakae）であった。当時、「天皇陛下万歳！」、軍国主義社会の中では大杉栄は日本には珍しい「自由恋愛論者」として論陣を張り、実際に複数の女性と肉体関係を持ち、そのうえ、女性から経済的支援を受けて生活していた。変わり者が存在していたのである。

そんな変わり者の大杉栄は一八八六年（明治十八年）一月十七日、四国の愛媛県那珂郡丸亀で生まれた。父の大杉東（Osugi Azuma）は、軍人だった。大杉家は代々庄屋の家系で、親戚にも軍人がいるという家庭環境であり、父は東京に移って近衛少尉として勤務していた。人の良い父親は当時の流行りか、大隊長の仲介してくれたとよと所帯を持った。栄は次男であった。だが、下には「はる」「きく」「伸」「まつゑ」「勇」「進」「あき」「あやめ」の兄弟姉妹がいた。栄は容姿や性格は母似であった。

初めて東京麹町の幼稚園に通うが、父が東京の近衛連隊から新潟の陸軍に赴任したので、十四歳まで新発田の連隊で過ごした。父は日清戦争と日露戦争にも従軍したので、折りに触れ、軍人気質を仕込まれたこともあり、元帥を目指すという高邁な精神を持ち、名古屋陸軍学校に入学。学校ではドイツ語科を希望するが、定員に満たなかったことから、フランス語科に回された。これは後の思想家大杉栄の誕生にフランス語、ドイツ語は多きに役に立つことになる。

武道にも熱中する。しかし、癖か。修学旅行での性的な戯れが発覚。罰として禁足三十日の処分を受けた。「下士官どもの追窮が残酷」になり、「尊敬も親愛も感じない上官への服従し、盲従する」と思うようになり、しばしば教官に反抗し、憂鬱な気分が続いて故郷の「新発田の自由な空」を思うに至った。それ以上に、軍医から「脳神経症」と診断されて休みをもらう。

幼年学校の外に出ると快活な少年になれたが、学校に戻るとまた凶暴な気分になったという。この頃からアナキスト大杉栄の反抗、反逆心が首を出していたのかもしれない。反抗心が現れた。同期生との喧嘩で相手をナイフで刺し、殺傷騒動を起こしてしまったのだ。その行動が学校の教務に発覚し、在学二年で退学処分となる。なお退学前の幼年学校における成績は極端なもので、実科では首席、学科では次席にもかかわらず、平素の行いは最下位であった。

軍隊生活の窮屈さから解放されると、父の許しを得ずして文学を志すことを決め、語学研究と称して十七歳にして上京。一九〇二年（明治三十五年）、まず順天中学に入学。翌年、東京外国語学校仏文科に入学した。牛込の下宿先で友人の薦めで『進化論』を原書で読み、社会の違法行為追及運動に同宿の友人が参加したことに触発され、『万朝報』を購読して軍隊外の社会に目を向けた。

大杉栄は四国出身の社会問題研究家の幸徳秋水（Kotoku Syusui）や堺利彦（Sakai Toshihiko）らの名前をこの時に知った。その後、彼らの「非戦論」に共鳴して、「平民社」の結成を知る。当時、大杉栄は共産主義者の中で優勢になっていたアナキスト系だったので、一般的には危険視されていた。

一九〇五年（明治三十八年）三月、週刊『平民新聞』の後継紙である『直言』に堺利彦が書いた紹介記事によりエスペラント（Esperanto）運動を知り、七月に東京外国語学校仏語学科を修了したのをきっかけに、大杉栄は翌年にかけ本郷にあった小学校にエスペラント教室を開いた。

一九〇六年（明治三十九年）には電車値上反対の市民大会に参加し、電車焼き討ち事件に関与したとして、大杉栄は兇徒聚集罪により、初めて逮捕されたが、六月に保釈となった。同年十一月には『光』紙掲載の「新兵諸君に与ふ」に関して新聞紙条例違反で起訴され、以降、主に言論活動で社会主義運動に関わっていった。

神田の錦輝館に於ける共産系の出獄歓迎会で赤旗を振り回し警官隊と乱闘で、またもや逮捕。大杉栄はそれまでの量刑も含み、二年六ヵ月近く千葉刑務所での刑務所生活を送った。獄中でさらに語学を学びアナキスト関係の本も多読していた。

大杉栄は一九一〇年（明治四十三年）九月、千葉刑務所から東京監獄に移され、幸徳秋水らの「大逆事件」（Daigyaku Jiken）に関連などの取調べを受けるが、検挙は免れる。「大逆事件」と言えば「幸徳事件」である。社会学者の堺利彦や社会運動家の片山潜（Katayama Sen）らが「平民新聞」などで、労働者中心の政治を呼びかけ、民衆の間でもそのような気風が流行りつつあった中の一九一〇年（明治四十三年）五月二十五日、長野県の明科爆裂弾事件が起こったのである。この事件を口実として、政府がフレームアップにより、幸徳秋水をはじめとするすべての社会主義者、アナキストを根絶しようとして、取り調べや家宅捜索を行って弾圧した事件が幸徳事件である。

戦後はもっぱら政府のでっち上げ部分を批判する視点で言及される事がほとんどで、「暗殺計画に関与していたのは宮下太吉（Miyashita Takichi）、管野（Kanno）スガ、新村忠雄（Niimura Tadao）、古河力作（Furukawa Rikisaku）の四名だけであった。」信州明科爆裂弾事件後、数百人の社会主義者・無政府主義者の逮捕・検挙が始まり、検察は二十六名を「明治天皇暗殺計画容疑」として起訴した。

検事総長、大審院次席検事、神戸地裁検事局検事正らによって事件のフレームアップ化がはかられ、異例の速さで公判、刑執行が行われた。一九一一年一月十八日に死刑二十四名が処刑され、有期刑二名の判決が下された。一月二十四日に幸徳秋水ら十一名。翌日一名が処刑された。

社会主義運動はこの事件で数多くの同志を失い、しばらくの期間、運動が沈滞することになった。いわゆる社会主義運動の〈冬の時代〉であった。徳富蘆花（Tokutomi Roka）も幸徳秋水らの死刑を阻止するため、蘆花の兄である徳富蘇峰（Tokutomi Soho）を通じて桂太郎（Katsura Taro）首相へ嘆願したが果たせず、幸徳秋水らが処刑された。秋水の処刑は栄にショックを与えた。

その二ヵ月後、幸徳秋水に心酔していた第一高等学校の弁論部河上丈太郎（Kawakami Jyotaro）の主催で「謀叛論」を講演し、学内で騒動になった。

「大逆事件」は多くの文学者たちにも大きな影響を与えた。石川啄木（Ishikawa Takuboku）は事件前後にロシアの文豪ピョートル・クロポトキン（Pyotoru Kuropotokin）の著作『パンの略取』『相互扶助論』や公判記録を入手研究し、「時代閉塞の現情」などを執筆した。劇作家の木下杢太郎（Kinoshita Mokutaro）は戯曲「和泉屋染物店」を執筆した。永井荷風（Nagai Kafu）も『花火』の中で、「わたしは自ら文学者たる事について甚だしき羞恥を感じた。以来わたしは自分の芸術の品位を江戸戯作者のなした程度まで引下げるに如くはないと思案した」と書いている。

また、幸徳秋水が法廷で、「いまの天子は、南朝の天子を暗殺して三種の神器を奪い取った北朝の天子ではないか」と発言したことが外部に漏れ、南北朝論議がおこった。

翌一九一二年（明治四十五年）には、美濃部達吉（Minobe Tatsukiti）が天皇機関説を主張し、当時の大学周辺では美濃部の天皇機関説が優勢になったが、天皇主権説が優勢になる。馬蹄銀事件で秋水らを疎ましく思っていた山縣有朋（Yamagata Aritomo）はロシア革命が勃発してからは極秘で反共主義政策を進め、上杉愼吉（Uesugi Sinnkichi）の天皇主権説を基礎にした国体論が形成されていく。

大杉栄は二十四歳。一月に東京監獄から出所。堺利彦らとともに売文社をつくる。

一九一一年（明治四十四年）一月二十四日、幸徳秋水たちが処刑され社会主義運動が一時的に後退する中で、大杉栄は荒畑寒村（Arahata Kanson）とともに『近代思想』『平民新聞』を発刊し、定例の研究会を開き運動を広める。

それにアナキスト大杉栄の「自由恋愛論」を盛んに論じていた。大杉栄は当時、女性から経済的支援を受けて生活しており、居候中に経済学者の堺利彦の義理の妹堀保子（Hori Yasuko）を強姦した。驚きである。大杉栄はその堀保子を妻にしたのである。だが、籍には入れなかった。

保子は当初、社会運動家で日本のボーイスカウトの先導者であった深尾韶（Fukao Shiyo）と婚約していた。

保子は大杉栄との経緯を次のように書いている。「大杉栄は同志の間に有為な青年として望みを託され、殊に電車事件の被告で保釈中という身の上でしたから、私も深い同情を以て迎えていました。何分年下でもあり、すぐに結婚を承諾する気にはなれませんでした。しかし、大杉が余り迫ってきますので、遂に結婚したような次第です」大杉栄は着ている浴衣の裾に火をつけて言い寄り、焼身自殺をすると脅して求婚したのだ。

当時、大杉栄には同棲していた年上の女性がいたのだが、保子が仲に立って手を切らせた。保子と大杉栄は入籍せずに市ヶ谷田町に新居を構える。大杉栄は定期収入がなかったため保子の『家庭雑誌』編集の収入を主たる生活費とした。大杉栄も傍らでフランス語とエスペラント語の教授を始める。大杉栄が逮捕投獄されるたびに、保子は外国から本を取り寄せたりした書物を差し入れたりした。

保子の父は讀賣新聞の記者で文学者あった堀成之（Hori Seishi）であった。つまり、保子は堺利彦の死別した夫人美知の妹である。大杉栄も保子も麹町の堺利彦の家に世話になる。荒畑寒村もそこに居候していた。大杉栄は電車運賃値上げ反対運動に参加し、凶徒として東京監獄留置されていたが、深尾韶とともに保釈され、転がり込んでいた。まず、深尾が保子を好きになり保子と婚約したが、そこに大杉栄が割り込んでくる。

後に保子は大杉栄と離婚し、日本最初の社会主義女性団体「赤瀾会」の創設者の一人、九津見房子（Kutsumi Fusako）らによって結成された会の会員となり、年長会員として活躍した。九津見房子は女性として初めて治安維持法により服役し、ゾルゲ事件にも連座して再度入獄した。

さて、堀保子の問題は関係者の理解により、大人の解決法で四人の間で解決したかに見えたが男女の問題は感情的になり、刃傷沙汰になってしまうことが多い。大杉栄を巡る女三人とは堀保子、神近市子（Kamichika Ichiko）。それに伊藤野枝である。大杉栄は、異性関係において〈フリーラブ（Free Loye）〉という、肉体関係があっても男女が同居せず自由に恋愛すべきだ、不倫上等・浮気はＯＫという独自の思想を構築しており、大杉栄にとって都合の良い自分中心主義、多夫多妻制という考え方だった。

堀保子は妻の座を捨て、収まる所に収まり、四人の中から離脱した。しかし、リタイヤできない二人がギリギリのアナキズムの人生に賭け、特に年齢的にも肉体的にもハンデがあった神近市子に焦りの色が見え出していた。

伊藤野枝は若い。玄界灘（Genkainada）に面した糸島（Itojima）半島の今宿（Imajyuku）村の貧しい瓦職人の家に生まれ、親類の援助で東京上野女学校を卒業。だが、親の決めた結婚を拒んで出奔してしまった。まだ、二十歳。大杉栄との接近肉弾戦は伊藤野枝に軍配が上がっていた。

伊藤野枝は夫であるダダイスト辻潤（Tsuji Jun）と子どもを残して家を出て、大杉栄との関係が始まり、雑誌『青踏』（Seito）も終了させた。この時に大杉栄は今まで通りの四角関係を続けるために、お互いに経済的自立をすること、それに同棲などしないで別居生活を送ること、お互いの自由性も尊重することを約束させた。しかし、『青鞜』終了で原稿料がなくなった伊藤野枝は食べることができず、当時、番町に下宿していた大杉栄の家に転がり込んだ。大杉栄自身も雑誌が発禁続きで家賃を払えなくなったので二人は本郷の菊富士ホテル（Kikufuji）で同棲を始めた。

一方、神近市子は長崎から上京後、様々な土地で暮らす「引越し道楽」の女性であった。そんな神近市子は東京の芝田村町に住んでいる時に有楽町にあった東京日日新聞社に入社。当時、社会部記者として著名人の取材に奔走していた。その一方で社会主義思想に共感を覚えていた。そのため、アナキストである大杉栄の「仏蘭西文学研究会」に参加し、小説や評論を発表していた。

ここでアナキズムに関して少々、説明をする。アナキズムは、国家権力や宗教などいっさいの政治的権威と権力を否定し、自由な諸個人の合意のもとに個人の自由が重視される社会を運営していくことを理想とする思想である。四大巨頭とされる著名な思想家はウィリアム・ゴドウィン、ピエール・ジョゼフ・プルードン、ミハイル・バクーニン、ピョートル・クロポトキン。

ウィリアム・ゴドウィン（William Godwin）は、イギリスの政治評論家・著作家。功利主義の最初の提唱者のひとりであり、近代無政府主義者。

ピエール・ジョセフ・プルードン（Pieree Joseph Proudhon）はフランスの社会主義者、無政府主義者。無政府主義の父と呼ばれる。

ミハイル・バクーニン（Mikhail Bakunin）は、ロシアの思想家で哲学者、無政府主義者、革命家。元清教徒で無神論者。

ピョートル・アレクセイヴィチ・クロポトキンは、ロシアの革命家、政治思想家であり、地理学者、社会学者、生物学者。著書に『パンの略取』、『田園・工場・仕事場』、『相互扶助論』などがある。

さて、デカダンでアナキストの大杉栄との恋愛関係は、神近市子が麻布霞町に転居してから始まった。社会主義への関心から大杉栄と親しくなった神近市子は五円程度、現代の金銭感覚では十万円程度を大杉栄に金銭支援していた。だが、野武士的な生き方の伊藤野枝は、「金がないなら借りればいい」「金がないならもらえばいい」というアナキズム的な金銭感覚。そのため、たびたび金策に走り回る日があった。

大杉栄は、不倫関係にあった伊藤野枝だけならまだしも、その他に神近市子とも肉体関係を持った。神近市子は大杉栄に金を出しているうちに、大杉栄と伊藤野枝の関係が深まっているのが克明にわかり出した。そのため、支援した金のことを神近市子が持ち出すと大問題が起こった。「約束が違う」大杉栄が金を返すと言い出した。神近市子は慌てた。このため、これで関係を絶たれると察知した神近市子は伊藤野枝と関係が続いている大杉栄に迫った。大杉栄と伊藤野江は神奈川の葉山の旅館の日陰茶屋（Hikagejaya）に居る。神近市子は思った。「自分が出したお金で旅館に居る」神近市子は自ら提供した金で、大杉栄は伊藤野枝と密会を重ねることに嫉妬を覚えた。

「日蔭茶屋」。

葉山の波が打ち付ける。江戸時代からの風情がある茶屋の二階の部屋。神近市子も何度か大杉栄とその部屋で、戯れあった。二人の情景を思い出した神近市子は激動し、嫉妬のあまり伊藤野枝を殺すつもりで部屋に入った。だが、伊藤野枝は部屋には居ない。大杉栄だけだ。裸で布団の上に寝そべっていた。かっとなった神近市子は大杉栄に組み付き、首筋を刺し、唖然とした。伊藤野枝はどこに。包丁で刺した大杉栄は布団の上、苦しんでのたうちまわる。重傷だ。これが「四角関係」に結論なのか。

慌てた神近市子は、近くの交番に駆け込み、竦拍の警察官に白状したのだ。

「日蔭茶屋事件」

マスコミは騒いだ。猟奇的な事件だ。葉山の海岸に建つ「茶屋」。ニュース性に富んでいた殺人未遂事件。当然の如く、マスコミが押し掛け、大杉栄は「アナキズムの帝王」的な存在になった。それは「四角関係」の勝者、伊藤野枝にも注目が集まり、カンパが集中、大杉栄と共に「大正時代のアナキズムの女王」として話題の女になった。

一方、「四角関係」の敗者である神近市子は傷害罪で懲役二年（一審判決では懲役四年）の実刑判決を受けた。法廷では神近市子は伊藤野枝を殺害しようとしたができずに大杉栄を刺したこと、神近市子は伊藤野枝に対する妬みを詳細に陳述した。また弁護人は、「被告人は当時月経のため心神耗弱の態をなし、減刑の価充分なり」と月経要因説を用いて執行猶予を主張した。八王子刑務所での二年間の服役後、神近市子は文筆活動を開始、翌年には別の男と結婚した。三児をもうけた後に離婚。戦後は日本社会党の衆議院議員となり、五期十三年。八十一歳まで議員を務めた。仕事は売春防止法の制定などに尽力していた。

さて、一九二〇年（大正九年）の夏コミンテルン（Communist International）から「密使」の訪問があり、十月、大杉栄は密かに日本を脱出して、中華民国の上海で開かれた社会主義者の集まりに参加し、十一月帰国の予定だった。一九二一年（大正十年）一月、アナ・ボル共同の機関紙としての『労働運動』を刊行。六月、関係者の裏切りもあり共同路線が破綻し『労働運動』は十三号で廃刊。

大杉栄は十二月、翌年にドイツのベルリンで開かれる予定の国際アナキスト大会に参加のため再び日本を脱出する。一九二二年（大正十一年）一月五日に上海からフランス郵船に乗船して、上海経由でフランスに向かった。ウクライナ人でマフノ運動のネストル・マフノ（Нестор Махно́）と接触も図る目的もあった。また、アジアでのアナキストの連合も意図し、フランスで中国のアナキストらと会談を重ねる必要性があった。二月十三日にマルセイユ着。

大会がたびたび延期されフランスから国境を越えるのも困難になる中、大杉栄は近郊のサン・ドニのメーデーで演説を行い、警察に逮捕されラ・サンテ監獄に送られた。フランス警察に日本の大杉栄と判明、裁判後に日本に強制送還退去となる。在フランス日本領事館の手配でマルセイユから箱根丸にて日本へ。七月十一日神戸に戻る。その際、パリの大使館からの反対意見により切符が二等船室になったことを恨む記述を『日本脱出記』に書いている。

同年、滞仏中から滞在記が発表され、『日本脱出記』としてまとめられる。また、かつて収監中に翻訳した『ファーブル昆虫記』が出版される。東京に落ち着き、八月末にアナキストの連合を意図して集まりを開く。だが、大震災だ。驚愕だ。

九月十六日、自宅近くから伊藤野枝、甥の六歳の橘宗一と大杉栄、共に憲兵に連行され、三人とも殺害されたのだ。「暗殺」だ。

殺害の実行者として憲兵大尉の甘粕正彦（Amakasu Masahiko）と部下が逮捕された。翌日、軍法会議にかけられ、甘粕正彦は有罪判決となった。公判内容は毎回新聞報道された。

十月頃から、伊藤野枝は平塚らいてうらの女性文学集団青鞜社に通い始め、社内外から集まった当時の錚々たる「新しい女」達と親交を深めて強い刺激を受けた。機関誌『青鞜』に詩「東の渚」などの作品を次々発表、頭角を現した。平塚らいてうが「原始、女性は実に太陽であった」と謳ったのと対照的に野枝は、「吹けよ、あれよ、風よ、嵐よ」と謳っている。

一九一五年、それまで度々発売禁止の処分を受けるなど経営難に陥っていた雑誌『青鞜』の編集・発行を平塚らいてうから受け継ぐと、「無主義、無規則、無方針」をモットーにエリート女性だけでなく一般女性にも誌面を解放。情熱的に創作・評論・編集に活躍し、『青鞜』を文芸雑誌から女性評論誌、あるいは女性論争誌と呼ぶべきものに変えていった。伊藤野枝はこの間、長男のまこと、次男の流二を出産。また中流階級婦人による講演会の廃娼運動を、娼婦の境遇に対して理解なきまま「醜業婦」の名を浴びせる偽善として厳しく批判した。

一九二三年（大正十二年）九月一日の関東大震災から間もない十六日、伊藤野枝は大杉栄、大杉栄の甥・橘宗一とともに憲兵に連れ去られ、その日のうちに憲兵隊構内で扼殺されて殺害された。伊藤野枝の遺体は畳表で巻かれ、古井戸に投げ捨てられた。まだ二十八歳の若さであった。

五十三年後に発見された死因鑑定書によれば、大杉栄と伊藤野枝はともに助骨が何本も折れており、胸部の損傷から激しい暴行を加えられていたことが発覚した。軍法会議法廷で甘粕正彦ら被告人は、被害者が「苦しまずに死んだ」と陳述していた。甘粕事件の発覚は、殺された大杉栄の甥である橘宗一がアメリカ国籍を持っていたため、アメリカ大使館からの抗議を受けて狼狽した政府の閣議で大問題になったからであった。

関東大震災は、一九二三年（大正十二年）九月一日午前十一時五十八分三十秒に発生した大地震によって南関東および隣接地で大きな被害をもたらした地震災害であった。死者・行方不明者は推定十万五千人で、明治以降の日本の地震被害としては最大規模の被害となった。

さて、犯人甘粕正彦は一八九一年〈明治二十四年〉一月二十六日に生まれた。日本の軍人。陸軍憲兵隊時代にアナキストの大杉栄らを殺害した甘粕事件で知られる。事件後、短期の服役を経て日本を離れて満州に渡って関東軍の特務工作を行い、満州国建設に一役買う。満州映画協会理事長を務め、終戦の最中に現地で服毒自殺した。

事件では憲兵や陸軍の責任は問われず、すべて甘粕正彦の単独犯行として処理され、同年十二月八日禁固十年の判決を受ける。軍法会議において甘粕正彦は、「個人の考えで三人すべてを殺害した」と言ったり「子どもは殺していない。菰包みになったのを見て、初めてそれを知った」とたびたび証言を変えており、共犯者とされた兵士が「殺害は憲兵司令官の指示であった」と供述しているなど、この結論に後の時代でも、しばしば疑義が挙がる。

満洲国時代の甘粕正彦は政治家・要人らに普及した協和服を着用している。一九二六年（大正十五年）十月に予備役となる。甘粕正彦には甘粕事件の裁判中、社会主義者を憎む多数の資産家から大量の義捐金が寄せられたとも伝えられ、また獄中から本を出し、これもかなり売れたとされるが、出獄後取材を受けた新聞記者には苦境と将来の不安を訴えている。

一九二七年（昭和二年）から陸軍の予算でフランスに留学する。フランス留学の際の陸軍からの支援金もそれなりのものがあったはずだが、甘粕正彦はギャンブル好きで競馬で失ったと言われる。一九三〇年（昭和五年）、フランスから帰国後、すぐに満洲に渡り、南満州鉄道東亜経済調査奉天主任となり、さらに奉天（Hoten）の関東軍特務機関長土肥原賢二大佐の指揮下で情報・謀略工作を行うようになる。

右翼論客大川周明（Okawa Syumei）を通じて柳条湖事件などで満洲国建国に重要な役割を果たす右翼団体大雄峰奉賛会に入る。そのメンバーの一部を子分にして「甘粕機関」という民間の特務機関を設立。この頃、麻薬取引にも手を染め、上海の「ピアス・アパート」で非合法の麻薬アヘンを大量に取り扱っていた里見甫（Satomi Hajime）の「里見機関」とも連帯、蓄財をしたとも言われる。

一九三一年（昭和六年）九月の柳条湖事件により始まる満州事変の際、哈爾濱（Harupin）出兵の口実作りのため奉天に潜入し、中国人の仕業に見せかけて数ヵ所に爆弾を投げ込んだ。その後、清朝の第十二代皇帝宣統帝の愛新覚羅溥儀が起こしたクーデターにより紫禁城を追われ、以降に天津に幽閉されていた。満州国擁立のため、溥儀を天津から洗濯物に化けさせて柳行李に詰め、苦力に変装させ、極秘裏に逃亡させた。その働きを認められ満洲国建国後は民生部長官に大抜擢され、表舞台に登場。自治指導部から分かれた満洲唯一の合法的政治団体が創設されると理事になり、中央本部総務部長に就任した。

満洲国代表団副代表として公式訪欧し、イタリアの独裁者ベニート・ムッソリーニ（Benito Mussolini）とも会談。満州国の国務院総務庁次長岸信介（Kishi Shinsuke）の力で満州映画の理事長となる。満州映画のある新京の日本人社会では「遂に満映が右翼軍国主義者に牛耳られる」、「軍部の独裁専横人事」と噂されたという。戦後日本国の首相になった岸信介は奈良で「暗殺」された日本国総理安倍晋三の伯父である。深い関係で、甘粕正彦に報いるために理事長にしたという説や、当時の満映は準国策会社として作る映画は固苦しく不人気で経営危機に直面しており、甘粕正彦が甘粕事件の際の義捐金をはじめとしてかなりの資産を成したと思われていたため、その資金による支援をあてにして、むしろ満映関係者の方から積極的に経営陣に入るよう求められたのだとする説がある。

甘粕正彦は満映の経営立て直しのために大量の従業員の解雇を行ったが、その再就職先の確保には努力したとされる。紳士的に振る舞い、経営の再建とともに、満映の日本人、満人双方共に俳優、スタッフらの給料を大幅に引き上げただけでなく、日本人と満人の待遇を同等にしたことや、女優を酒席に同伴させることを禁止するなど、社員を大切にしたことから満映内での評判は高まっていった。

甘粕正彦はまた、文化人でもあり、ドイツ訪問時に当時の最新の映画技術を満洲に持ち帰った。

満洲時代の甘粕正彦は満洲の「夜の帝王」とも呼ばれ、日本政府の意を受けて満洲国を陰で支配していたとも言われる。しかし甘粕正彦はその硬骨漢ぶりと言動ゆえに関東軍には煙たがられ、甘粕事件のイメージもあり、士官学校の恩師である東條英機（Tojo Hideki）という例外を除いては、むしろ冷遇されており、その影響力はあくまで日本人官僚グループとの個人的な付き合いや、士官学校時代の同期の学友達との人脈が源泉となり、謀略の資金源の大半は満映から出ていたという。

一九四五年（昭和二十年）八月八日、ソ連は日ソ不可侵条約を破棄し日本に宣戦布告。翌九日満洲に侵攻。ソ連軍が新京に迫りくる中、ポツダム宣言の受諾が発表された翌日である。八月十六日に甘粕正彦は満映の社員を全員集めて「必ず死ぬ」と言ったうえで、中国人社員に、「満映は中国人社員が中心になるべき」と述べ、最後に、「皆さんのお世話になったことを深く厚く御礼申し上げます」と挨拶した。

その後に身の回り品を形見として一人一人に配り、社内の預金を退職金として全額引き出した。甘粕正彦の部下は自殺しないよう銃器や刃物などを取り上げ見張っていたが、二十日早朝、監視役の目を盗み、隠し持っていた青酸カリで服毒自殺した。

満映のスタッフは皆で甘粕正彦を看取り、葬儀も執り行われた。甘粕正彦を慕う日満の友人三千人が参加し、葬列は一キロを越えたという。甘粕正彦の遺体は一時新京で埋葬されたが、翌日茶毘に付された。遺骨は日本に持ち帰られた。

Session 11 二・二六事件、天皇が激怒！ 青年将校十九人、学者北一輝、処刑

一九三六年（昭和十一年）二月二十六日未明、大雪が降りしきる中、陸軍皇道派の青年将校たちが千四百八十三名の下士官・兵を率いて天皇を中心とする「一君万民」復元のため「昭和維新」と称し、「君側の奸」である政府要人を襲ったクーデター事件「二・二六」が発生した。参加したのは身を持って喜び、悲しみながら「昭和維新」を夢見た多くの青年将校や下士官たちであった。

この者たちは大雪の中、四日間に亙って永田町の「政治空間」を占拠、政府要人を首相官邸で首相はじめ何人もを「暗殺」したのだ。姉の身売り話を背中に聞き流し、貧困にあえぐ農村から「お国の爲」と言われて国を出た青年将校らは歩兵第一連隊、歩兵第三連隊、近衛歩兵第三連隊、野戦重砲第七連隊の部隊中の一部であった。

決起将校らは早朝から首相官邸、警視庁、内務大臣官邸、陸軍省、参謀本部、陸軍大臣官邸、東京朝日新聞を占拠していた。

まず、襲撃の第一次目標。

内閣総理大臣岡田啓介（Okada Keisuke）
侍従長鈴木貫太郎（Suzuki Kantaro）
内大臣斎藤実（Saito Makoto）
大蔵大臣高橋是清（Takahashi Korekiyo）
前内大臣牧野伸顕（Makino Nobuaki）
教育総監渡辺錠太郎（Watanabe Jotaro）
西園寺公望（Saionji Kinmochi）

始めの狙撃は内閣総理大臣岡田啓介である。

首相官邸正門の立哨警戒の巡査が武装解除されたが、異変を察知して飛び出した外周警備の巡査六名も続いて拘束された。だが、この間に邸内警備の土井清松巡査が総理秘書官兼身辺警護役の松尾伝蔵（Matsuo Denzo）退役陸軍歩兵大佐とともに総理を寝室から避難させ、村上嘉茂左衛門巡査部長が廊下で警戒に当たった。また裏門の詰め所では、小館喜代松巡査が特別警察隊に事態を急報する非常ベルを押す一方、清水与四郎巡査は邸内に入って裏庭側の警備に当たった。

反乱軍全体の指揮を栗原安秀中尉が執り、第一小隊を栗原中尉自身が、第二小隊を池田俊彦少尉が、第三小隊を林八郎少尉が、機関銃小隊を尾島健次郎曹長が率いた。反乱軍は機関銃など圧倒的な兵力を持ち、警備の警察官らの抵抗を制圧していた。

非常ベルの音を聞いて襲撃部隊が殺到するのに対し、小館巡査は拳銃で応戦したものの、全身に被弾して昏倒した。また清水巡査は、裏庭側からの避難を試みた総理一行を押しとどめたのち、非常避難口を守ってやはり殉職した。廊下を守る村上巡査部長は数分にわたって襲撃部隊と銃撃戦を演じたものの、全身に被弾しつつ一歩一歩追い詰められ、ついに中庭に追い落とされて殉職した。

この間に邸内に引き返した総理は女中部屋の押し入れに隠され、松尾大佐と土井巡査はあえてそこから離れて中庭に出たところを襲撃部隊と遭遇、松尾大佐は射殺され、土井巡査も拳銃弾が尽き、林八郎少尉に組み付いたところを左右から銃剣で刺突され、殉職した。しかし、これらの警察官の抵抗の間に総理は隠れることができ、襲撃部隊は松尾大佐の遺体を見て総理と誤認、目的を果たしたと思いこんだ。

一方、遺体が松尾のものであることを確認し、女中たちの様子から総理生存を察知した迫水久常（Sakomizu Hisatsune）総理秘書官らは、麹町分中隊の憲兵曹長、憲兵軍曹および憲兵伍長らと奇策を練り、翌二十七日に同年輩の弔問客を官邸に多数入れ、反乱部隊将兵の監視の下、変装させた総理を退出者に交えてみごと官邸から脱出させた。

元総理の高橋是清大蔵大臣は陸軍省所管予算の削減を図っていたために恨みを買っており、襲撃の対象となったたいた。積極財政により不況からの脱出を図った高橋是清だが、その結果インフレの兆候が出始め、緊縮政策に取りかかったばかりであった。

高橋は軍部予算を海軍陸軍問わず一律に削減する案を実行しようとしたが、これは平素から陸軍に対する予算規模の小ささに不平不満を募らせていた陸軍軍人の恨みに火を付ける形となっていた。叛乱当日は中尉および少尉が襲撃部隊を指揮し、赤坂の高橋私邸を襲撃した。警備の巡査が奮戦したが重傷を負い、高橋是清は拳銃で撃たれた上、軍刀でとどめを刺され即死した。

斎藤実内大臣は、退役海軍大将であり第三十代内閣総理大臣であった。海軍大臣を勤めていたところ、シーメンス汚職事件により引責辞任し、称号を受けたあと退役し、犬養毅（Inukai Tsuyoshi）首相が武装海軍将校らによって殺害された五・一五事件の後は、元老の西園寺公望の推薦を受け斎藤実を率いる内閣総理大臣兼外務大臣に任命され、関東軍による満州事変などの混迷した政局において軍部に融和的な政策をとり、満州国を認めなかった国際連盟を脱退するなどしたうえ、政府批判の高まりから内閣総辞職をしていた。天皇の側近たる内大臣の地位にあったことから襲撃を受けたものである。

坂井直中尉、高橋太郎少尉、麦屋清済少尉、安田優少尉が率いる襲撃部隊が、四谷仲町三丁目の斎藤内大臣の私邸を襲撃した。襲撃部隊は警備の警察官の抵抗を難なく制圧して、斎藤の殺害に成功した。遺体からは四十数発もの弾丸が摘出されたが、それがすべてではなく、体内には容易に摘出できない弾丸がなおも数多く残留していた。

目の前で夫が蜂の巣にされるのを見た妻・春子は、「撃つなら私を撃ちなさい」と銃を乱射する青年将校たちの前に立ちはだかり、筒先を掴んで制止しようとしたため腕に貫通銃創を負った。しかし、それでも春子はひるまず、なおも斎藤をかばおうと彼に覆いかぶさっている。春子の傷はすぐに手当がなされたものの化膿し、その後一週間以上高熱が続いた。

春子はその後、昭和四十五年に九十八歳で死去するまで長寿を保ったが、最晩年に至るまで当時の出来事を鮮明に覚えていた。事件当夜に夫妻が着ていた衣服と遺体から摘出された弾丸数発は、斎藤実記念館に展示されている。

鈴木貫太郎は、天皇側近たる侍従長、大御心の発現を妨げると反乱将校が考えていた枢密院顧問の地位にいたことから襲撃を受ける。叛乱当日は、安藤輝三大尉が襲撃部隊を指揮し、第一小隊を永田露曹長が、予備隊を渡辺春吉軍曹が、機関銃隊を上村盛満軍曹が率い、侍従長公邸に乱入した。鈴木貫太郎は、永田・堂込両小隊長から複数の拳銃弾を撃ち込まれて瀕死の重傷を負うが、妻の懇願により安藤大尉は止めを刺さず敬礼をして立ち去った。その結果、鈴木は辛うじて一命を取り留める。

襲撃部隊の撤収後、少年期の昭和天皇の教育係であった鈴木たかは天皇に直接電話し、宮内省の医師を派遣してくれるように依頼した。この電話が襲撃事件を知らせる天皇への第一報となった。安藤は、以前に鈴木侍従長を訪ね時局について話を聞いた事があり、互いに面識があった。そのとき鈴木は自らの歴史観や国家観などを安藤に説き諭し、安藤に深い感銘を与えた。安藤は鈴木について、「噂を聞いているのと実際に会ってみるのではまったく違った。あの人は西郷隆盛のような人で懐が大きい人だ」と言い、何度も決起を思い止まろうとしたとも言われる。

その後、太平洋戦争末期に内閣総理大臣となった鈴木貫太郎は岡田総理を救出した総理秘書官迫水久常の補佐を受けながら終戦工作に関わることとなる。鈴木は生涯、自分を襲撃した安藤について「あのとき、安藤がとどめをささなかったことで助かった。安藤は自分の恩人だ」と語っていたという。

陸軍教育総監の渡辺錠太郎大将は、真崎甚三郎（Masaki Jinzaburo）の後任として教育総監になった直後の初度巡視の際、真崎が教育総監のときに陸軍三長官打ち合わせのうえで出した国体に関する訓示を批判し、天皇機関説を擁護した。これが青年将校らの怒りを買い、襲撃を受けた。斎藤実内大臣襲撃後の高橋少尉および安田少尉が部隊を指揮し、時刻は遅く、午前六時過ぎに渡辺錠太郎私邸を襲撃した。ここで注意すべきなのは、斎藤や高橋といった重臣が殺害されたという情報が、渡辺の自宅には入っていなかったということである。

殺されるであろうことを感じた渡辺は、傍にいた次女を近くの物陰に隠し、拳銃を構えたが、直後にその場で殺害された。目前で父を殺された次女によると、機関銃掃射によって渡辺の足は骨が剥き出しとなり、肉が壁一面に飛び散ったという。渡辺邸は憲兵隊から派遣された憲兵伍長および憲兵上等兵が警護に当たっていたが、次女によれば、憲兵は二階に上がったままで渡辺を守らず、渡辺一人で応戦し、命を落としたのも渡辺だけであったという。

牧野伸顕伯爵は、欧米協調主義を採り、かつて内大臣として天皇の側近にあったことから襲撃を受けた。河野寿大尉は民間人を主とした襲撃部隊を指揮し、湯河原の伊藤屋旅館の元別館である「光風荘」にいた牧野伸顕前内大臣を襲撃した。玄関前で乱射された機関銃の銃声で目覚めた身辺警護の皆川巡査は、牧野伯爵を裏口から避難させたのち、襲撃部隊に対して拳銃で応射し、遅滞を図った。これにより河野大尉が負傷したが、皆川巡査も重傷を負った。このとき、牧野伯爵の付き添い看護婦であった森鈴江が皆川巡査を抱き起こして後送しようとしたが、皆川巡査は身動きが取れず、また森看護婦も負傷していたことから、襲撃部隊の放火によって炎上する邸内からの脱出は困難として、森看護婦のみを脱出させ、自らは殉職した。

なお、重傷を負った河野は入院を余儀なくされ、入院中の三月六日に自殺する。脱出を図った牧野は襲撃部隊に遭遇したが、同行者や消防団等の協力により避難に成功した。襲撃の際、旅館の主人・岩本亀三および従業員八亀広蔵が銃撃を受けて負傷している。

なお、吉田茂（Yoshida Shigeru）の娘で牧野の孫に当たる麻生和子（Aso Kazuko）は、この日牧野を尋ねて同旅館に訪れていた。麻生和子が晩年に執筆した著書『父吉田茂』の二・二六事件の章には、祖父が襲撃を受けてから脱出に成功するまでの様子が生々しく記されている。

大雪の東京であったが叛乱将校の行動は凄まじいものであった。その後、二・二六事件に関して警備の面での問題が大きく報じられた。予備警備が問題になったが、警視庁などでは大きな政治の中の流れを指摘されていた。その一つが、反乱部隊の行動であった。

警備筋によれば、一月下旬から二月中旬にかけて反乱部隊の夜間演習が頻繁になっていたことなどから、警視庁では情勢の只ならぬことを察し、再三に渡って東京警備司令部に対して取り締りを要請したものの、取り合ってもらえなかった。このことから、警視庁では特別警備員に機関銃を装備して対抗することすら検討していたが、実現しないままに事件発生を迎えることとなった。

警視庁と首相官邸の間には非常ベル回線が設けられており、官邸警備の警察官により襲撃の報は直ちに警視庁に伝えられた。警視庁の特別警備隊においては、当日は第三中隊が宿直であり、待機の野老山警部補率いる第一小隊に堀江警部が同行して出動したものの、官邸付近に到着した時にはすでに官邸は占拠され、前には重機関銃が据えられていた。野老山警部補と小隊長伝令の金井巡査は兵士との押し問答の中で拳銃を奪われそうになり、金井巡査は銃剣で大腿部を傷つけられたうえ、突破を諦めて帰隊しようとする両名は背後から銃撃されて、近くに退避しなければならない状況であった。

小隊の出動直後より、警視庁庁舎付近にも反乱部隊が進出し、機関銃を庁舎に向けて包囲の態勢をとっていた。部隊を指揮した野中大尉は、「我々は警視庁に敵対するものではない。ただ特別警備隊の出動を阻止するものだ」と語った。庁舎全体の占拠には至らなかったものの、電話交換室など庁舎の一部を占拠し、交換手の背に銃剣を突きつけて警察電話を遮断することで警察の動きを封じようとしたが、電信電話知識の乏しさをつかれて、実際にはすべての通信が維持されていた。また、警察官の出勤を阻止するための遮断線を張っていたが、これを突破して強行登庁した特別警備隊隊長の警視によって在庁員は把握されていた。

電話手の働きで、警視総監をはじめ各部長は、警視庁占拠直後より情勢を知らされた。総監官舎の襲撃等も想定されたことから、総監・部長は急遽脱出して、まず麹町警察署で緊急の協議を行い、警務部長名で非常呼集を発令、本庁勤務員は部ごとに麹町、丸の内、錦町、表町の各警察署に、また各警察署の勤務員はそれぞれの所属署に集合・待機するよう命じた。麹町警察署は反乱部隊の占領地域に近く、襲撃を受ける懸念があったことから、総監・部長は錦町に移動し、ここに「非常警備総司令部」を設けた。

警視庁では、決死隊を募って本庁舎を奪還しようという強硬論も強かったものの、安倍源基（Abe Genki）特高部長は、警察と軍隊が正面から衝突することによる人心の混乱を懸念して強く反対し、警視総監もこれを支持したことから、最終的に、陸軍、憲兵隊自身による鎮圧を求め、警察はもっぱら後方の治安維持を担当することとした。

半蔵門に近い麹町警察署の署長室には当時、宮内省直通の非常電話が設置されており、午後八時、その電話が鳴ると、たまたま署長をサイドカーに乗せて走り回る役目の巡査が出た。「ヒロヒト、ヒロヒト……」と名乗り巡査が「どなたでしょうか」と訊ねるといちど電話が切れ、再度の電話では別の男性の声で「これから帝国で一番偉い方が訊ねる」と前置きし、最初に名乗った人間が電話をかわり質問した。巡査からは「鈴木侍従長の生存報告」「総理の安否は不明で、官邸は兵が囲んでいる」などの報告を受けた。巡査は会話の中で、相手が「朕」の一人称を使ったことから昭和天皇だと理解し、体がガタガタと震えたという。電話の主はその後、「総理消息をはじめ情況を知りたいので見てくれ」と依頼し、巡査の名前を尋ねた。さらに、反乱部隊は陸軍省および参謀本部、有楽町の東京朝日新聞なども襲撃し、日本の政治の中枢である永田町、霞が関、赤坂、三宅坂一帯を占領した。

事件後まもなく北一輝（Kita Ikki）の元に電話連絡により蹶起の連絡が入った。同じ頃、真崎甚三郎大将も連絡で事件を知った。鈴木貫太郎の夫人・鈴木たかが昭和天皇に直接電話したことにより事件の第一報がもたらされた。青年将校たちは林銑十郎（Hayashi Senjuro）陸軍首脳を通じて、宮内庁昭和天皇に「昭和維新」の実現を訴えた。

だが、天皇は激怒してこれを拒否。

自ら近衛師団を率いて「鎮圧するも辞さず」との意向を示した。これを受けて、事件勃発当初は青年将校たちに対し否定的でもなかった陸軍首脳部も、彼らを「反乱軍」として武力鎮圧することを決定し、包囲して投降を呼びかけた。叛乱将校たちは下士官兵を原隊に帰還させ、一部は自決したが、大半の将校は投降して法廷闘争を図った。反乱部隊は蹶起した理由を「蹶起趣意書」にまとめ、天皇に伝達しようとした。蹶起趣意書は先任である野中四郎の名義になっているが、野中がしたためた文章を思想家の北一輝が大幅に修正したといわれている。日本海に浮かぶ新潟の佐渡島生まれの国粋主義者北一輝である。

一九三六年二月十三日。

叛乱将校の代表者安藤、野中は山下奉文（Yamashita Tomoyuki）少将宅を訪問し、蹶起趣意書を見せると、山下は無言で一読し、数ヵ所添削したが、ついに一言も発しなかった。また、蹶起趣意書とともに陸軍大臣に伝えた要望では宇垣一成（Ugaki Kazushige）大将、南次郎（Minami Jiro）大将、小磯国昭（Koiso Kuniaki）中将、林銑十郎大将、橋本近衛師団長の罷免を要求した。

蹶起趣意書は、神武天皇の建国、明治維新を経た国家の発展を称え、八紘一宇を完成させる国体こそ我が国の神州たる所以とし、思想は一君万民論などを基礎とした。また、元老、重臣、軍閥、政党などが国体破壊の元凶で、ロンドン条約と教育総監更迭における統帥権干犯、三月事件の不逞、天皇機関説一派の学匪、共匪、大本教などの陰謀の事例を挙げ、依然として反省することなく私権自欲に居って維新を阻止しているから、これらの奸賊を誅滅して大義を正し国体の擁護開顕に肝脳を竭す、と述べている。

二月二十一日、叛乱将校の磯部浅一と村中孝次は山口一太郎大尉に襲撃目標リストを見せた。襲撃目標リストは第一次目標と第二次目標に分けられていた。磯部浅一は元老西園寺公望の「暗殺」を強硬に主張したが、真崎甚三郎内閣組閣のために利用しようとする山口一太郎は反対した。また真崎甚三郎大将を教育総監から更迭した責任者である林銑十郎大将の「暗殺」も議題に上ったが、すでに軍事参議官に退いていたため目標に加えられなかった。

また二月二十二日に「暗殺」目標を第一次目標に絞ることが決定され、また「天皇機関説」を支持するような訓示をしていたとして渡辺錠太郎教育総監が目標に加えられた。二十一日、山口一太郎大尉が西園寺襲撃をやめたらどうかと述べたが、磯部浅一は元老西園寺公望の「暗殺」を強硬に主張した。

二十三日には栗原が出動日時等を伝えに行き、小銃実包約二千発を渡した。二十四日夜、板垣を除く五名で、教導学校の下士官約百二十名を二十五日の午後十時頃夜間演習名義で動員する計画を立てるが、翌二十五日朝、板垣が兵力の使用に強く反対し、結局襲撃中止となる。そして、対馬と竹島のみが上京して蹶起に参加した。

事件発生後、午前六時四十分頃、木戸孝一が興津にある西園寺邸に電話をかけた際、「一堂未だお休み中」と女中が返事をしているし、また、官舎に避難したのは、午前七時三十分頃であったと、当時の静岡県警察部長であった橋本清吉が手記にそのときの詳細を書いている。反乱軍は襲撃先の抵抗を抑えるため、前日夜半から当日未明にかけて、連隊の武器を奪い、陸軍将校等の指揮により部隊は出動した。歩兵第一連隊の週番司令山口一太郎大尉はこれを黙認し、また歩兵第三連隊にあっては週番司令安藤輝三大尉自身が指揮をした。

たかは皇孫御用掛として四歳から十五歳までの十一年間仕えており親しい関係にあった。中島侍従武官に連絡を受けた天皇の寝室まで赴き報告したとき、天皇は、「とうとうやったか」「まったく私の不徳の致すところだ」と言って、しばらくは呆然としていたが、直ちに軍装に着替えて執務室に向かった。この昭和天皇の敵意は青年将校たちにとって最大の計算違いというべきで、すでに昭和天皇の意志が決したこの時点で反乱は早くも失敗に終わることが確定していたといえる。

事件後まもなく北一輝の元に電話連絡にて蹶起の連絡が入った。二十六日、荒木貞夫（Araki

Sadao）大将に会った石原莞爾（Ishiwara Kanji）大佐は「ばか！　お前みたいなばかな大将がいるからこんなことになるんだ」と面と向かって罵倒した。これに対して「なにを無礼な！　上官に向かってばかとは軍規上、許せん！」と、えらい剣幕で、言い返す荒木に対して石原は「反乱が起こっていて、どこに軍規があるんだ」とくってかかり、両者は一触即発の事態になったが同席の参謀長がとりなした。

午前九時、川島陸相が天皇に拝謁し、反乱軍の「蹶起趣意書」を読み上げて状況を説明した。事件が発生して恐懼に堪えないとかしこまる、天皇は、「なにゆえそのようなもの（蹶起趣意書）を読み聞かせるのか」「速ニ事件ヲ鎮圧」せよと命じた。この時点で昭和天皇が反乱軍の意向をまったく汲んでいないことがあらためて明瞭になった。

正午半過ぎ、軍事参議官によって宮中で非公式の会議が開かれ、穏便に事態を収拾させることを目論んで午後に川島陸相名で告示が出された。この告示は山下奉文少将によって陸相官邸に集まった者たちに伝えられたが、意図が不明瞭であったため将校等には政府の意図がわからなかった。

二十七日の戒厳令施行を受けて軍人会館に戒厳司令部が設立された。午前一時過ぎ、石原莞爾らは帝国ホテルに集まり、善後処置を協議した。蹶起部隊を戒厳司令官の指揮下にいれ軍政上骨抜きにすることなどで意見が一致し、陸相官邸から帝国ホテルに呼び寄せてこれを伝えた。午前三時、戒厳令の施行により軍人会館に戒厳司令部が設立され、東京警備司令官の中将が戒厳司令官に、大佐の石原莞爾が戒厳参謀にそれぞれ任命された。しかし、戒厳司令部の命令「戒作命一号」では反乱部隊を、「二十六日朝来出動セル部隊」と呼び、反乱部隊とは定義していなかった。

「皇軍相撃」を恐れる軍上層部の動きは続いたが、長年信頼を置いていた重臣達を虐殺された天皇の怒りはますます高まり、午前八時二十分にとうとう「戒厳司令官ハ三宅坂付近ヲ占拠シアル将校以下ヲ以テ速ニ現姿勢ヲ徹シ各所属部隊ノ隷下ニ復帰セシムベシ」が参謀本部から上奏され、天皇は即座に裁可した。本庄繁侍従武官長は決起した将校の精神だけでも、なんとか認めてもらいたいと天皇に奏上したが、これに対して天皇は「自分が頼みとする大臣達を殺すとは。こんな凶暴な将校共に赦しを与える必要などない」と一蹴した。

午後零時四十五分に拝謁に訪れた相に対して天皇は、「私が最も頼みとする大臣達を悉く倒すとは、真綿で我が首を締めるに等しい行為だ」「陸軍が躊躇するなら、私自身が直接この近衛師団を率いて叛乱部隊の鎮圧に当たる」とすさまじい言葉で意志を表明し、暴徒徹底鎮圧の指示を伝達した。

また午後一時過ぎ、憲兵によって岡田首相が官邸から救出された。天皇の強硬姿勢が陸相に直接伝わったことと、殺されていたと思われていた岡田首相の生存救出で内閣が瓦解しないことが明らかになったことで、それまで曖昧な情勢だった事態は一気に叛乱軍鎮圧に向かうことになった。

午後二時に陸相官邸で軍事参議官と反乱軍将校の会談が行われた。この直前、反乱部隊に北一輝から「人無シ。勇将真崎有り。国家正義軍ノ為ニ号令シ正義軍速カニ一任セヨ」という「霊告」があった旨連絡があり、反乱部隊は事態収拾を真崎に一任するつもりであった。真崎は誠心誠意、真情を吐露して青年将校らの間違いを説いて聞かせ、原隊復帰を勧めた。相談後、野中大尉が「よくわかりました。早速それぞれ原隊へ復帰いたします」と言った。

午後四時二十五分、反乱部隊は首相官邸、農相官邸、文相官邸、鉄相官邸、山王、ホテル、赤坂の料亭「幸楽」を宿所にするよう命令が下った。午後五時、弘前より上京した秩父宮が上野駅に到着。秩父宮はすぐに天皇に拝謁したが、「陛下に叱られたよ」とうなだれていたという。これは普段から皇道派青年将校たちに同情的だった秩父宮の姿勢を、昭和天皇が叱ったものだとする説が支配的である。

午前零時、反乱部隊に奉勅命令の情報が伝わった。

午前五時、ついに蹶起部隊を所属原隊に撤退させよという奉勅命令が戒厳司令官に下達され、五時半、戒厳司令官から第一師団長に発令され、六時半、師団長から大佐に蹶起部隊の撤去、同時に奉勅命令の伝達が命じられた。

大佐は、今は伝達を敢行すべき時期にあらず、まず決起将校らを鎮静させる必要があるとして、奉勅命令の伝達を保留し、師団長に説得の継続を進言した。戒厳司令官は堀師団長の申し出を了承し、武力鎮圧につながる奉勅命令の実施は延びた。自他共に皇道派とされる戒厳司令官は反乱部隊に同情的であり、説得による解決を目指し、反乱部隊との折衝を続けていた。

この日の早朝には自ら参内して「昭和維新」を断行する意志が天皇にあるか問いただそうとまでした。しかしすでに武力鎮圧の意向を固めていた参謀次長が激しく反対したため「討伐」に意志変更した。石原莞爾大佐は、臨時総理をして建国精神の明徴、国防充実、国民生活の安定について上奏させ、国政全体を引き締め、内外に表明してはどうかと戒厳司令官に意見具申した。また午前九時ごろ、撤退するよう決起側を説得していた中佐が戒厳司令部に戻ってきて、陸相、参謀次長、戒厳司令官、陸軍軍務局長、参謀本部総務部長、戒厳参謀長、戒厳参謀などに対し、「昭和維新」断行の必要性、維新の詔勅の渙発と強力内閣の奏請を進言した。司令官は無血収拾のために「昭和維新」断行の聖断をあおぎたい、と述べたが、元参謀次長は再び反対し、武力鎮圧を主張した。

正午、少将が奉勅命令を出るのは時間の問題であると反乱部隊に告げた。これをうけて、中尉が反乱部隊将校の自決と下士官兵の帰営、自決の場に勅使を派遣してもらうことを提案した。陸相と少将の仲介により、侍従武官長から奏上を受けた昭和天皇は、「自殺スルナラバ勝手ニ為スベク、此ノ如キモノニ勅使ナド以テノ外ナリ」と非常な不満を示して叱責した。

しかしこの後もしばらくは軍上層部の調停工作は続いた。自決と帰営の決定事項が料亭幸楽に陣取る安藤大尉に届くと、安藤は激怒し、それがもとで決起側は自決と帰営の決定事項を覆した。午後一時半ごろ、事態の一転を大佐が気づき、やがて、師団長、戒厳司令官も知った。結局、奉勅命令は伝達できず、撤退命令もなかった。形式的に伝達したことはなかったが、実質的には伝達した同様な状態であった、と大佐は述べている。

午後六時、蹶起部隊に対する指揮権を解除。午後十一時、翌二十九日午前五時以後には攻撃を開始し得る準備をなすよう、司令部は包囲軍に下命。また、奉勅命令を知った反乱部隊兵士の父兄数百人が歩兵第三連隊司令部前に集まり、反乱部隊将校に対して抗議や説得の声を上げた。午後十一時、「戒作命十四号」が発令され反乱部隊を「叛乱部隊」とはっきり指定し、「断乎武力ヲ以テ当面ノ治安ヲ恢復セントス」と武力鎮圧の命令が下った。

一方の反乱部隊の側も、二十八日夜から二十九日にかけて、部隊は首相官邸、部隊は陸軍省・参謀本部を含む三宅坂、部隊と一個小隊は赤坂見附の閑院宮邸附近、部隊は山王ホテル、部隊は予備隊として新国会議事堂に布陣して包囲軍を迎え撃つ情勢となった。二十九日午前五時十分に討伐命令が発せられ、午前八時三十分には攻撃開始命令が下された。戒厳司令部は近隣住民を避難させ、反乱部隊の襲撃に備えて愛宕山の日本放送協会東京中央放送局を憲兵隊で固めた。同時に投降を呼びかけるビラを飛行機で散布した。

午前八時五十五分、ラジオで「兵に告ぐ」と題した「勅命が発せられたのである。すでに天皇陛下のご命令が発せられたのである……」に始まる勧告が放送され、また田村町の飛行館には「勅命下る軍旗に手向かふな」と記されたアドバルーンもあげられた。また、師団長を始めとする直属上官が涙を流して説得に当たった。これによって反乱部隊の下士官兵は午後二時までに原隊に帰り、安藤輝三大尉は自決を図ったものの失敗した。

残る将校達は陸相官邸に集まり、陸軍首脳部は自殺を想定して三十あまりの棺桶も準備し、一同の代表者として調書を取ったが、野中大尉が強く反対したこともあり、法廷闘争を決意した。この際大尉は自決したが、残る将校らは午後五時に逮捕され反乱はあっけない終末を迎えた。同日、北一輝、西田税といった民間人メンバーも逮捕された。

三月四日午後二時二十五分に元少尉が東京憲兵隊に出頭して逮捕される。牧野伸顕襲撃に失敗して負傷し、収容されていた河野大尉は三月五日に自殺を図り、死亡した。三月六日の戒厳司令部発表によると、叛乱部隊に参加した下士官兵の総数は千四百余名で、内訳は、近衛歩兵第三連隊が五十余名、歩兵第一連隊が四百余名、歩兵第三連隊は九百余名、野戦重砲兵第七連隊は十数名であったという。

正午半過ぎ、軍事参議官によって宮中で非公式の会議が開かれ、穏便に事態を収拾させることを目論んで午後に川島陸相名で告示が出された。午後四時、戒厳司令部は武力鎮圧を表明し、準備を下命、同時刻、皇居には皇族七人（伏見宮、朝融王、秩父宮、東久邇宮、梨本宮、竹田宮、高松宮）が集まり、一致して天皇を支える方針を打ち出した。午後十一時、翌二十九日午前五時以後には攻撃を開始し得る準備をなすよう、司令部は包囲軍に下命。

陸軍内部では二・二六事件後の粛軍人事として皇道派を排除し、陸軍内部の主導権も固めた。青年将校たちは統制派と対立していたが、青年将校たちが起こした二・二六事件は、皮肉にも統制派を利する結末となった。そしてこれが、日本の軍部ファッション化の本格的なスタートでもあった。

事件の収拾後、岡田内閣は総辞職し、元老西園寺公望が後継首相の推薦にあたった。しかし組閣大命が下った近衛文麿は西園寺と政治思想が合わなかったため、病気と称して断った。一木枢密院議長が広田弘毅を西園寺に推薦した。西園寺は同意し、広田に組閣大命が下った。三月六日には新聞で新閣僚予定者の名簿も掲載され、親任式まで順調に進むかに思われた。しかし、陸軍は陸相声明として、「新内閣は自由主義的色彩を帯びてはならない」とまず釘をさした。そして、陸軍省軍務局の武藤章中佐が陸相代理として組閣本部に乗り込み、名指しして、自由主義的な思想を持つと思われる閣僚候補者の排除にかかった。広田は陸軍と交渉し、三名を閣僚に指名しないことで内閣成立にこぎつけた。

事件により、大臣達の護衛についていた五名の警察官が殉職し、一名が重傷を負った。国民からの反響も大きく、全国から弔文十万通、弔慰金二十一万九千円が集まり、築地本願寺で行われた合同警視庁葬においては数万人の市民が焼香した。

事件当時、関東軍憲兵司令官だった東條英機は、永田鉄山（Nagata Tetsuzan）の仇打ちとばかり、当時満州にいた皇道派の軍人を根こそぎ逮捕して獄舎に送り、「これで少しは胸もすいた」と述懐した。東條にとっての恩人であった永田鉄山の仇をとってくれたと高く評価することとなり、のちに「東條の腰巾着」などと揶揄されるほど重用されるきっかけともなった。

さて、この事件に関わった下士官兵は、その大半が反乱計画を知らず、上官の命に従って適法な出動と誤認して襲撃に加わっていた。「命令と服従」の関係が焦点となり、下士官・兵に対する処罰が軍法会議にかけられた。無罪となった兵士たちは、それぞれの連隊に帰ったが、すでに渡満、満州帝国の激戦地が待っていた。

無罪放免となった歩兵第三連隊の兵隊たちのうち八名は渡満を希望し、八月上旬に東京を出発して満州北部のチチハルに駐在する歩兵第三連隊へと向かった。しかし、ここで着任した連隊長から思いがけないことを言われた。八人の中の一人だった上等兵は証言している。「到着するとすぐに本部に行き晴々した気持ちで連隊長に申告したところ、連隊長はいきなり『軍旗をよごした不忠者めが』と怒鳴り、軍旗の前に引き出され、散々にしぼられた」「私たちは命令によって行動したのに不忠者とはなにごとか」と連隊長の言葉に反発し、思わずムッとして開き直った態度をとると、さらに、「なんだ、その態度は」と一喝された。

反乱軍とみなされていたのは軍法会議に付された者ばかりではなかった。歩兵第三連隊は五月二十二日に渡満の途についたが、出発に先立ち連隊長は「お前たちは事件に参加したのだから、渡満後は名誉挽回を目標に軍務に精励し、白骨となって帰還せよ」と訓示したという。これに対して、歩兵第三連隊第三中隊の上等兵は、「早い話が名誉挽回のため死んでお詫びせよという意味らしかった。兵隊に対する激励の言葉とは思われず反発を感じた」と戦後に憤りを語っている。

こうした事情は歩兵第一連隊も同じで、歩兵第一連隊第十一中隊の二等兵の回想によると、歩兵第一連隊の新連隊長に着任した大佐も、汚名を濯ぐために全員「白木の箱で帰還せよ」と発言したという。事件に参加した兵たちは、中国などの戦場の最前線に駆り出され戦死することとなった者も多く、ほとんどシベリアの原野の中で戦死した。

歩兵第三連隊に所属していて反乱に参加させられてしまった二等兵にこんな人もいた。後の落語家、人間国宝五代目柳家小さん（Yanagiya Kosan）や歩兵第一連隊にて、日本に帰国後に映画監督として「ゴジラ」や「モスラ」といった東宝特撮映画を撮ることになる本多猪四郎（Honda Ishiro）がいた。事件の裏には、陸軍中枢の皇道派の大将クラスの多くが関与していた可能性が疑われるが、「血気にはやる青年将校が不逞の思想家に吹き込まれて暴走した」という形で世に公表された。事件後、東條英機ら統制派は軍法会議によって皇道派の勢力を一掃し、結果としては陸軍では統制派の政治的発言力がますます強くなることとなった。

「迅速な裁判」は、天皇自身の強い意向でもあった。特設軍法会議の開設は、枢密院の審理を経て上奏され、天皇の裁可を経て三月四日に公布されたものである。この日、天皇は侍従武官長に対して、裁判は迅速にやるべきことを述べた。すなわち、「軍法会議の構成も定まりたることなるが、永田鉄山を陸軍省で惨殺した相沢三郎中佐に対する裁判の如く、優柔の態度は、却って累を多くす。此度の軍法会議の裁判長、及び判士には、正しく強き将校を任ずるを要す」と言ったのである。実際、裁判は非公開の特設軍法会議の場で迅速に行われた。

その方法は、審理の内容を徹底して「反乱の四日間」に絞り込み、その動機についての審理を行わないことであった。

第一次処断（昭和十一年七月五日）まで判決言渡

死刑　叛乱罪　首魁　香田清貞　歩兵第一旅団副官
死刑　叛乱罪　首魁　安藤輝三　歩兵第三連隊第六中隊長
死刑　叛乱罪　首魁　栗原安秀　歩兵第一連隊（機関銃隊）
死刑　叛乱罪　群衆指揮等　竹嶌継夫　豊橋陸軍教導学校学生隊
死刑　叛乱罪　群衆指揮等　対馬勝雄　豊橋陸軍教導学校学生隊
死刑　叛乱罪　群衆指揮等　中橋基明　近衛歩兵第三連隊
死刑　叛乱罪　群衆指揮等　丹生誠忠　歩兵第一連隊
死刑　叛乱罪　群衆指揮等　坂井　直　歩兵第三連隊
死刑　叛乱罪　群衆指揮等　田中　勝　野戦重砲兵第七連隊
死刑　叛乱罪　群衆指揮等　中島莞爾　鉄道第二連隊
死刑　叛乱罪　群衆指揮等　安田　優　野砲兵第七連隊
死刑　叛乱罪　群衆指揮等　高橋太郎　歩兵第三連隊
死刑　叛乱罪　群衆指揮等　林　八郎　歩兵第一連隊
死刑　叛乱罪　村中孝次　歩兵大尉

死刑　叛乱罪　　　　　　　　　　磯部浅一　主計
死刑　叛乱罪　　　　　　　　　　渋川善助
死刑　叛乱罪　　　　　　　　　　水上源一
死刑　叛乱罪　首魁　　　　　　　北　一輝　社会運動家
死刑　叛乱罪　首魁　　　　　　　西田　税　社会運動家

刑の執行は首謀者である青年将校・民間人十九名であった。処刑場は旧東京陸軍刑務所敷地にて十五人を五人ずつ三組に分けて行われ、受刑者一人に正副二人の射手によって刑が執行された。二・二六事件の死没者を慰霊する碑が、東京都渋谷区宇田川町にある。旧東京陸軍刑務所敷地跡に立てられた渋谷合同庁舎の敷地の北西角に立つ観音像がそれである。十九名の遺体は郷里に引き取られたが、磯部浅一のみが本人の遺志により浅草の回向院に葬られた。

さてこの二・二六事件には様々な思惑が複雑に交差していた。その中で北一輝の軍法会議における有罪、死刑判決には在野の文学者や評論家の中に「これは不思議だ」との意見が多くあったが、暗黒政治の真っ最中、誰もが声を大きくしないまま敗戦になってしまった。

ここで北一輝の話をする。

民間人を受け持っていた吉田悳裁判長は、北一輝は事件には直接の責任はないとして、不起訴、ないしは執行猶予の軽い禁錮刑を言い渡すべきことを主張した。だが、軍国時代の裁判、判決の軍部の上層部の意見が挿入される。裁判長は常識的に判決をくだした。しかし、横槍が入った。「極刑にすべきである。証拠の有無にかかわらず、黒幕である」と極刑の判決を示唆した。

横槍を入れたのが長州藩士で陸軍に首を突っ込み「ビリケン」宰相の異名を持つ陸軍大臣の寺内正毅（Terauchi Masatake）であった。その後、韓国総統に就任、韓国問題を日本の敗戦まで引き続いだ。寺内正毅は二・二六事件に口を出す必要がない。他の者が口を出さないので天皇に良い想いをさせるため、口を挟んだのである。そのため、北一輝は銃殺されたのだ。北一輝は、戦前の日本の思想家、社会運動家、国家社会主義者。本名は北輝次郎（Kita Terujiro）。二・二六事件で皇道派「青年将校」の理論的な支柱として逮捕され、民間人であるのに軍法会議に掛けられ死刑判決を受けて刑死した。

北一輝は日蓮宗と労働者の主権、社会主義を結び付けた独特の思想を発表したことで知られる。北一輝は一八八三年（明治十六年）、新潟県佐渡郡両津湊町の裕福な酒造業・北慶太郎と妻リクの長男輝次として生まれる。父慶太郎は初代両津町長を務めた人物で二歳下の弟は衆議院議員である。ほかに四歳上の姉と、四歳下の弟がいた。

尋常小学校の半ばに右目の眼疾により一年間休学。創設されたばかりの旧制佐渡中学校に一期生として入学、翌年に飛び級試験を受け、三年生に進級する。眼病のため帝大病院に入院し、夏頃まで東京に滞在した。「プテレギーム」と診断され、当時の眼科の権威による手術を受けたがよくならなかった。眼病による学業不振のため五年生への進級に失敗し、さらに父の家業が傾いたことも重なり、退学した。新潟の眼科院に七ヵ月間入院した。上京し幸徳秋水ら平民社の運動に関心を持ち、社会主義思想に接近した。帰郷中山路を散策した際に木の枝で右目を傷つけてしまい、父親が山林を売り払って治療費を作り、再手術を行ったが失明。父が死去。十月「輝次郎」と改名した。

創刊された『佐渡新聞』紙上に次々と日露戦争論、国体論批判などの論文を発表、国家や帝国主義に否定的だった幸徳たちと一線を画し、国家を前提とした社会主義を構想するようになる。北は国家における国民と天皇の関係に注目し、『国民対皇室の歴史的観察』で「天皇は国民に近い家族のような存在だ」と反論。たった二日で連載中止となった。

弟が早稲田大学に入学すると、その後を追うように上京、同大学の政治経済学部生となる。学者の講義を聴講し、著書を読破すると、さらに図書館に通いつめて社会科学や思想関連の本を読んで抜き書きを作り、独学で研究を進める。一九〇六年（明治三十九年）に処女作『国体論及び純正社会主義』を刊行。自費出版の大著で、河上肇（Kawakami Hajime）、片山潜、福田徳三の絶賛を受けたという。

大日本憲法における天皇制を批判したこの本は発売から五日で発禁処分となり、北自身は要注意人物とされ、警察の監視対象となった。すなわち、北一輝の「純正社会主義」なる理念は、人間と社会についての一般理論を目指したものであった。その書においてもっとも力を入れたのが、通俗的「国体論」の破壊であった。著書が発禁となる失意の中で、北は革命評論社同人と知り合い、交流を深めるようになり、以後革命運動に身を投じる。

間淵ヤスと入籍。この頃から一輝と名乗る。上海の北四川路にある日本人の医院に出入りしていた日華相愛会の顧問を約四十日の断食後に『国家改造案原理大綱』を書き上げていた北に依頼した。上海を訪問した大川周明らによって帰国を要請され、清水行之助とともに帰国。中核的存在として国家改造運動にかかわるようになる。

『日本改造法案大綱』が改造社から、出版法違反なるも一部伏字で発刊された。これは、議会を通した改造に限界を感じ、「軍事革命＝クーデター」による改造を諭し、二・二六事件の首謀者である青年将校たちに影響を与えた。辞世の句は「若殿に兜とられて負け戦」。後年白髪で、右目は義眼で、「魔王」とあだ名されたが、数少ない肖像写真からも分かるように眉目秀麗であった。二・二六事件後の軍法会議の裁判長吉田悳少将はその手記で、「北の風貌全く想像に反す。柔和にして品よく白皙。流石に一方の大将たるの風格あり」と述べている。

日ごろから言葉遣いは丁寧で、目下、年下の者にも敬語を使っていたという。裁判では、青年将校たちの決起については自分に関係がないことを主張しながらも、青年将校たちに与えた自らの思想的影響についてはまったく逃げず、死刑判決を受け入れている。先の相沢三郎事件が通常の公開の軍法会議の形で行われた結果、軍法会議が被告人らの思想を世論へ訴える場となって、報道も過熱し、被告人らの思想に同情が集まるような事態になっていたことへの反省もあると思われる。二・二六事件の審理では非公開で、動機の審理もしないこととした結果、蹶起した青年将校らは「昭和維新の精神」を訴える機会を封じられてしまった。
当時の陸軍刑法第二十五条は、次の通り反乱の罪を定めている。

第二十五条 党ヲ結ヒ兵器ヲ執リ反乱ヲ為シタル者ハ左ノ区別ニ従テ処断ス。一 謀議ニ参与シ又ハ群衆ノ指揮ヲ為シタル者ハ死刑、無期若ハ五年以上ノ懲役又ハ禁錮ニ処シ其ノ他諸般ノ職務ニ従事シタル者ハ三年以上ノ有期ノ懲役。

事件の捜査は、憲兵隊等を指揮して、陸軍法務官らが、これに当たった。また、東京憲兵隊特別高等課長の陸軍憲兵少佐らが黒幕の疑惑のあった真崎甚三郎陸軍大将などの取調べを担当した。そして、陸軍法務官を含む軍法会議において公判が行われ、青年将校・民間人らの大半に有罪判決が下る。

軍法会議の公判記録は戦後その所在が不明となり、公判の詳細は長らく明らかにされないままであった。そのため、公判の実態を知る手がかりは磯部が残した「獄中手記」などに限られていた。法務官が自宅に所蔵していた公判資料が遺族らによって明らかにされたのは後のことである。

昭和初期から、陸軍では統制派と皇道派の思想が対立。統制派の中心人物であった永田鉄山は第一次若槻礼次郎（Wakatsuki Reijiro）内閣で、諸国の国家総動員法の研究などを行っていた。その後の犬養毅内閣は、荒木貞夫陸軍大将兼陸軍大や教育総監真崎甚三郎陸軍大将、陸軍軍人兼貴族院の議員の菊池武夫（Kikuchi Takeo）を中心とする、ソビエト連邦との対立を志向する統制派を優遇した。

皇道派の青年将校のうちには、彼らが政治腐敗や農村困窮の要因と考えている元老重臣を殺害すれば天皇親政が実現し、諸々の政治問題が解決すると考え、「昭和維新、尊皇斬奸」などの標語を掲げる者もあった。しかし、関東軍が仕掛けた満州事変に続く五・一五事件での犬養毅首相の「暗殺」など日本国は軍政を移行し、二・二六に移行、クーデターの主力は陸軍皇道派青年将校たちであった。指揮に当ったのは皇道派青年将校栗原安秀中尉、安藤輝三大尉、野中四郎大尉、免官となっていた村中孝次、磯部浅一らであった。

陸軍では昭和初期から、統制派と皇道派の思想が対立し、また、海軍では艦隊派と条約派が対立していた。二・二六事件で「暗殺」された斎藤実内閣は青年将校らの運動を脅しが利く存在として暗に利用する一方、官僚的・立法的な手続により軍拡と総力戦を目指す統制派はソ連攻撃を回避する南進政策を優遇した。

行政においても、一九三四年（昭和九年）には司法省がナチス法を喧伝しはじめ、帝国弁護士会がワシントン海軍軍縮条約脱退支持の声明を行い、陸軍大臣には統制派の林弥一郎（Hayashi Yaichiro）陸軍大将が就任し、反対派の皇道派を排除しはじめた。斎藤実内閣や林弥一郎ら陸軍首脳らはこれに対し、皇道派将校が多く所属する第一師団の満州派遣を決定する。

皇道派の青年将校たちは、その満州派遣の前、一九三六年（昭和十一年）二月二十六日未明、部下の下士官兵一四八三名を引き連れて決起したのだ。

北一輝が著した『日本改造法案大綱』は「君側の奸」の思想の下、君側の奸を倒して天皇を中心とする国家改造案を示したものだが、この本は昭和維新を夢見る青年将校たちの聖典だった。『日本改造法案大綱』の「昭和維新」「尊皇討奸」の影響を受けた安藤輝三、野中四郎、香田清貞(Koda Kiyosada)、栗原安秀、中橋基明(Nakahashi Motoaki)、丹生誠忠(Niu Masatada)、磯部浅一、村中孝次らを中心とする尉官クラスの青年将校は、「上下一貫」「左右一体」を合言葉に、政治家と財閥系大企業との癒着をはじめとする政治腐敗や、大恐慌から続く深刻な不況等の現状を打破して、特権階級を排除した天皇政治の実現を図る必要性を声高に叫んでいた。

皇道派、統制派、この天皇を中心としたナショナリズム。これで太平洋戦争を戦えたのか、大きな疑問を呈する。青年将校たちは、日本が直面する多くの問題は、日本が本来あるべき国体から外れた結果だと考えた。「国体」とは、おおよそ天皇と国家の関係のあり方を意味する。

Session 12 ハワイ真珠湾攻撃、ニイタカヤマノボレ トラ！ トラ！ トラ！

大日本帝国海軍は南太平洋に浮かぶハワイの真珠湾基地を奇襲し、アメリカに第二次世界大戦の宣戦を布告したのだ。

ハワイ真珠湾攻撃（Attack on Pearl Harbor）である。

日本時間一九四一年（昭和十六年）十二月八日未明（ハワイ時間十二月七日）、日本海軍の奇襲攻撃であった。攻撃の結果、ハワイ真珠湾基地を南太平洋の重点基地としていたアメリカ太平洋艦隊は戦闘能力を失い、一時的ではあるが勢いを喪失したのである。この時期ハワイ真珠湾は、南太平洋アメリカ軍の基地として機能していたが、かつてのハワイ群島は南太平洋に浮かぶポリネシア人（Polynesian）が住む平和な島々であった。その島々を領土として目を付けたのが建国後まもないアメリカであった。アメリカはハワイの地政学的重要性を認識し、ポリネシア人の国家であったハワイ王国を併合、自治領ハワイ準州とした。

当時のアメリカ大統領は、世界に帝国主義政策を推し進め、多くの国々、キューバ、フィリッピン（Philippines）、ハワイなどを占領し、アメリカ帝国主義を推し進めていたウィリアム・マッキンリー（William Mckinley）であった。マッキンリーが奪ったハワイ王国（Kingdom Of Hawaii）、「最後の女王」リリウオカラニ（Liliuokalani）はプランテーション（Plantation）所有者たちの陰謀によって退位させられた。

女王リリウオカラニは、ホノルル（Honolulu）の宮殿で一枚の書面を前にためらっていた。署名して退位すれば、女王としての立場を失うことになる。だが、署名すれば六名の忠実な臣下は解放され、反逆罪で処刑されることはなくなると考えた女王は署名をして退位した。臣下たちは百名に満たない仲間を集め、「ハワイの女王」としてのリリウオカラニの立場を守ろうとした。

後にリリウオカラニは、自叙伝にこう記している。「自分だけのためならば、署名するよりも死を選んだことでしょう。しかし自分の立場を考えると……私のペンによって食い止めなければ、多くの血が流れてしまうところだったのです」と。

彼女の署名によって、ハワイ王国の歴史に終止符が打たれた。その後まもなく、リリウオカラニが統治していた島々は、ハワイを金のなる木だと見なすようになっていた白人移民たちの働きかけで、米国に併合された。リリウオカラニ女王は世界中で親しまれる名曲『アロハ・オエ』(Aloha Oe）の作者としても知られる。

だが、世の中、不思議なものだ。

世界的に帝国主義者として君臨し、謳歌していたウィリアム・マッキンリー大統領は一九〇一年、アメリカの式典の会場に於いて、ポーランド系アメリカ人無政府府主義者レオン・フランク・

チョルゴッシュ（Leon Frank Czolgosz）によって射殺され「暗殺」されたのだ。チョルゴッシュはアメリカ社会に富裕層が貧困層を搾取することで「焼け太る」不平等が存在し、その理由が政府自体にあると結論づけた。

「暗殺」されたマッキンリー大統領の後任は四十二歳アメリカ史上最年少の副大統領のセオドア・ルーズベルト（Theodore Roosevelt）が引き継いだ。以後、ハワイ全島はアメリカの太平洋支配の拠点となり、オアフ（Oafu）島の真珠湾に海軍基地が建設され、設置された基地は、日本海軍にとって脅威となっていた。当時、真珠湾の基地はオアフ島要塞と呼ばれた要塞群で防御され、戦艦を圧倒する十六インチ砲を備えた沿岸砲台も完備、艦船での接近は不可能であった。上陸可能な死角も存在しなかったため、日本海軍が戦略上の艦砲射撃や陸上作戦には成功の見込みはなかった。

大日本帝国海軍は対米戦争の基本戦略として漸減邀撃作戦をとった。これは真珠湾から日本へ向けて侵攻してくるアメリカ艦隊の戦力を、潜航艇と航空機を用いて漸減させ、日本近海において艦隊決戦を行うというものであった。だが、一九四一年（昭和十六年）、アメリカ対日本への石油輸出全面禁止を受け、アメリカ・イギリスに対する要求内容を定め、交渉期限を十月上旬に区切り、この時までに要求が受け入れられない場合、アメリカ・オランダ・イギリスに対する開戦方針が定められた。

海にとっては最悪の時代になったのだ。

とにかく権力者が力を持ちすぎると島の使い方を間違える。罪深いことだ。なぜか、過ぎた時代も、今の時代も、沖縄「琉球弧」(Ryukyuko)の島々の軍事色が強い。海軍の連中は、濃い緑で覆われる島は嫌なのか。少しでも熱帯雨林の緑が溢れ出すと、突然、権力者は濃い緑の大地をコンクリートで塗り込め、蝶々もトンボ、小鳥、トカゲ、蛇、猿も住めないように一変させる。これは海軍の南洋の島々を守る戦術なのか。日本の海軍は濃い緑の島を嫌うかの如く、緑の島は姿を急変させ、島自体が、「浮かぶ航空母艦」だとか、「波立つ南海の滑走路」などと昭和十年代から言われ出した。軍用機「零戦」(Zerosen)などが東シナ海(Higashishinakai)やフィリピン諸島、広大な中国大陸に向け、さらにポリネシアの島々などで果てない飛行を繰り返しているのだ。

日本を地獄の果てまで落とし込んだ第二次世界大戦(The Second World War)。開戦は一九四一年(昭和十六年)十二月八日(現地時間七日)未明であった。宣戦布告、開戦の一番槍は海知らず、山育ちの山本五十六(Yamamoto Isoroku)であった。山本五十六海軍大将率いる大日本帝国海軍太平洋連合艦隊は北の果て、ソ連に近い、極東のアリューシャン列島(Aleutian Islands)に沿って南下、ハワイ真珠湾基地を奇襲したのだ。

無防備だった戦艦アリゾナ(Arizona)など多くの艦隊を撃沈させ、兵舎なども破壊し、戦闘員や乗組員など含めて三千数百人もの多くの「戦死者」を出した。アメリカの軍部やマスコミは、「騙し討ち」「残酷だ」とムキになって叫んだ。大日本海軍は三千数百人のアメリカ兵を「暗殺」

したのだ。だが、アメリカ人でなくとも、海に浮かぶ島々に育った人間にとって、あの日本帝国海軍のハワイ真珠湾奇襲攻撃は戦略とはいえまるで極楽の果ての地獄だ。

日本人は子どもの頃から海で遊び、島で育ち、大人になったのだ。そんな海に育てられ島で遊んだ民族の気持ちを木っ端微塵破に打ち壊し、島好き海好きの日本人は海や島から激しい鉄鎚を受けるべきだ。

案の定、罰を激しく受けた。

この「海と島」での一戦は、決して闘ってはならない相手、アメリカとの戦い、太平洋戦争（Pacific War）の火蓋が切られたのである。指揮官は海軍元帥山本五十六であった。山本五十六は日本の第一線の軍人としては珍しい経歴の持ち主であった。通常、日本の軍人なら士官学校から陸軍大学か海軍大学に進むはずだ。だが、山本五十六は違った。雪深き新潟の長岡に生まれた育った山本五十六は山育ち、海知らずだった海軍大臣であった。

そんなことは我関せず、合理的な論理思考の持ち主だった山本五十六は若い頃、アメリカに留学、駐在武官としてワシントンDC（Washington DC）の日本大使館に滞在経験を持っていた。それに留学先がなんとアメリカの最上位に位置する名門ボストン（Boston）のハーバード大学（Harvard University）であり、アメリカの工業生産、艦船や戦車の製造工程などを研究した。知りすぎていたのだ。

当初より山本五十六は日米の国力差を熟知しており、対米開戦には反対の姿勢であり、事あるごとに、「アメリカと戦争すれば、始めは日本が有利でアメリカを負かすことが可能だ。だが、時間が経つと日本は負ける。どこかで手を打たないといけない」と、天皇との御前会議でもこのように発言、アメリカなど大日本帝国海軍の敵ではないと日夜公言している将軍たちの顰蹙を買っていた。山本五十六は、対米戦となった場合、開戦と同時に航空機攻撃でアメリカ軍を一挙に叩き潰し、決着をつけるべきと考え、ハワイ攻撃を提唱したのである。

戦闘機が発達し、離着艦の技術が数段上達した空母とそれに搭載する戦場爆撃機、艦上攻撃機などにより、巨艦主義が仕切っていた当時は、南洋諸島からでもハワイを空襲することが可能だと言われていた。そんなか日本の生命線とまで言われていた石油輸入禁止令が発令されたのだ。一九四一年（昭和十六年）八月のことである。

アメリカの対日石油輸出全面禁止を受け、アメリカ・イギリスに対する最低限の要求内容を定め、交渉期限を十月上旬に区切り、この時までに要求が受け入れられなければアメリカ・オランダ・イギリスに対する開戦方針が定められた。これに対して開戦やむ無しの好戦派の東條英機内閣は一九四一年（昭和十六年）十一月一日、大本営政府連絡会議において「帝国国策遂行要領」を発表し、要領は十一月五日の御前会議で承認された。

以降、陸海軍は十二月八日を第二次世界大戦開戦予定日として真珠湾攻撃を含む対英米蘭戦争の準備を本格的にしだしていた。

十一月十三日、山口の岩国航空基地に於いて連合艦隊の最後の打ち合わせが行われた。連合艦隊司令長官の山本五十六は、「全軍将兵は本職と生死をともにせよ!」と訓示。

十一月十七日、山本五十六は四国の佐伯湾にあった赤城を訪れ、機動部隊将兵を激励するとともに、「この作戦の成否は、その後のわが軍すべての作戦の運命を決する」とハワイ作戦の重要性を強調した。軍人だが発想が自由な山本五十六。頭が固い、「天皇陛下万歳!」だけの海軍上層部に対して、「アメリカとの戦争は危険極まりない」との言を止めず、「一回目は日本が必ず勝つ!」独自の判断と信念のもと、ハワイ真珠湾攻撃を展開したのである。だが、政府内では、「日本ヤバし」の言を繰り返す、山本五十六を異端視していた。戦力を二分していずれの攻撃もが不徹底に終わるよりは艦艇破壊に集中したほうが良いと考えたためであり、工廠や油槽などの後方施設の重要性は認めながらも、これらへの攻撃はあえて切り捨てる方針がとられた。

一九四一年(昭和十六年)一月十四日頃である。連合艦隊司令長官山本五十六から鹿児島の鹿屋航空基地に手紙が送られて、ハワイ奇襲作戦の立案を依頼した。手紙の要旨は、「国際情勢の推移如何によっては、あるいは日米開戦の已むなきに至るかもしれない。日米が干戈をとって相戦う場合、わが方としては、何か余程思い切った戦法をとらなければ勝ちを制することはできない」「それには開戦初頭、ハワイ方面にある米国艦隊の主力に対し、わが第一、第二航空飛行機隊の全力をもって、痛撃を与え、当分の間、米国艦隊の西太平洋進行を不可能ならしむるを要す」「目標は米国戦艦群であり、攻撃は雷撃隊による片道攻撃とする。本作戦は容易ならざることなるも、本職自らこの空襲部隊の指揮官を拝命し、作戦遂行に全力を挙げる決意である」「ついては、この作戦を如何なる方法によって実施すればよいか研究してもらいたい」と言うものであった。

鹿児島の鹿屋航空基地の第十一航空艦隊司令部武官は、参謀に詳細を伏せて、真珠湾での在泊艦艇に対する魚雷攻撃について相談したが、真珠湾は水深が浅いために航空雷撃は不可能という回答だった。将官は第一航空隊参謀の源田実（Genda Minoru）中佐を二月中旬に鹿屋に呼び、同様の質問をした。戦闘機乗り出身の源田実は、雷撃は専門ではないので確実ではないが、研究次第で可能になるかもしれぬと回答した。

源田実は計画案を二週間ほどで仕上げて、山本五十六に提出した。その案は、空母部隊の集結場所を小笠原諸島の父島か、北海道東部の厚岸（Akkeshi）として、真珠湾の二百カイリまで接近し、そこから攻撃隊を発進させるものであった。攻撃の優先順として、主目標は戦艦・空母、次にその攻撃を妨害するだろう敵航空基地・飛行機が副目標となった。

企図秘匿のために航海条件の悪い北方航路を選んだ。そのため、洋上燃料補給がまにあわず出撃できない場合もあるとして、一部艦艇の航続力が問題となった。だが、第一航空艦隊司令長官の権限で、燃料庫以外にもドラム缶で各艦の強度が許す限りの燃料を搭載することとした。

真珠湾航空奇襲の訓練は鹿児島の錦江湾（Kinkowan）を中心に、各地で行われた。海上における空中集合機密保持を保ちつつ攻撃を可能とするため、空母の集中配備が採用された。さらに、敵から発見された際、一挙に攻撃を受ける弱点があるが、集中配備で防空戦闘機を多く配備できる利点もあった。

技術的な課題は、第一に水深十二メートルという浅瀬でどうやって魚雷が海底に突き刺さらないようにするか、第二に戦艦の装甲にどうやって航空爆弾を貫通させるかの二点であった。

第一の魚雷に対しては、魚雷そのものを改良し、航空隊は超低空飛行が行えるようにして、最低六十メートルの水深が必要だったものを十メートル以下に引き下げることに成功した。攻撃では、投下された魚雷四十本のうち射点沈下が認められたのは一本だけであった。また、第二の爆弾に対しては、戦艦の装甲を貫徹するために水平爆撃で攻撃機の高度により運動量を賄う実験が鹿屋で実施された。模擬装甲には安来鋼（Yasukihagane）などの鋼板を用い、貫通するための運動量の計測などが行われた。

鹿児島での訓練を終えた艦隊は四国の佐伯湾に集結し、最終演習の後、十一月十八日に北の択捉島（Etorofu）へと向かった。二千人近くの戦闘員がハワイ攻撃を知らされたのは択捉島到着後であった。十一月二十四日で南雲忠一（Nagumo Chuichi）中将からの、「宿敵米国ニ対シ愈々十二月八日ヲ期シテ開戦セラレントシ……」という訓示が読み上げられた。

択捉島中部に位置する単冠湾（Hitokappuwan）は冬でも閉ざされない天然の良港で、沿岸には幾つかの集落があった。この入江が拠点となった。十一月二十日、警戒と機密保持を任務とする先遣隊が到着し、島の郵便局に電信電話回線の遮断を命じた。十一月二十二日朝には五、六隻の軍艦が目撃されたが、住民は湾を見ないよう指示され、学校でも話題にする生徒はいなかった。

夜はサーチライトが空に向けられた。増えた艦艇は二十四日頃から出航し、二十六日には朝霧の中を空母が岬を通過していくのが目撃された。

当時のハワイ真珠湾はアメリカが巨費を投じて構築した要塞であり、「太平洋のジブラルタル(Gibraltar)」と呼ばれ、難攻不落と思われていた。アメリカの国民や軍の多くの人々は「金城鉄壁の真珠湾」という触れ込みを信じ切っており、日本軍の警戒が非常に希薄であった。当時、アメリカ海軍は七隻の空母を保有していたが、この時、真珠湾にいたのは、二隻のみで、四隻はポリネシアの基地に向かい、ほかの任務に付いていた。

真珠湾攻撃前夜となったこの夜は、アメリカ軍は重要情報に気を配ることもなく、どちらもパーティに出席し飲酒していた。それに、水兵たちも各々で夜を楽しんでおり、水兵の娯楽のために新しくできた「リクリエーションセンター」に各艦の水兵が集まって、各艦対抗で最優秀バンドを決める「音楽決戦」コンテストが開催されていた。多くの水兵はそのまま残って、「予選落ちしたアリゾナのバンドが本当は一番よかった」などといつ終わるとも知れない演奏と議論を繰り広げていた。

十一月二十二日、第一航空艦隊司令長官である南雲忠一中将指揮下の旗艦「赤城」および「加賀」「飛龍」「蒼龍」「瑞鶴」「翔鶴」を基幹とする日本海軍空母機動部隊は択捉島の単冠湾に集結した。出港直前、旗艦空母「赤城」の搭乗員たちが集合し、南雲忠一がアメリカ太平洋艦隊を攻撃することを告げた。

十一月二十六日八時、南雲忠一機動部隊はハワイへ向けて単冠湾を出港した。航路は奇襲成立のため隠密行動が必要であった。連合艦隊参謀の中佐が過去十年間に太平洋横断した船舶の航路と種類を調べ、その結果十一月から十二月にかけては北緯四十度以北を航行した船舶が皆無である旨を発見し、困難な北方航路が採用されたのだ。

十二月一日、御前会議で対米宣戦布告は真珠湾攻撃の三十分以上前に行うべきことが決定された。

十二月二日十七時三十分、大本営より機動部隊に対して、「新高山登レ一二〇八」の電文が発信された。新高山（Niitakayama）は当時日本領地であった台湾（Taiwan）の山の名で当時の日本の最高峰。一二〇八とは十二月八日のことであった。

十二月八日午前一時三十分（日本時間）ハワイ近海に接近した日本海軍機動部隊から、第一波空中攻撃隊として艦戦四十三機、艦爆五十一機、艦攻八十九機、計百八十三機が発進。爆装の艦攻五十機が戦艦を、雷装の四十機が戦艦および空母を目標とし、艦爆五十四機は航空基地を、艦戦四十五機は空中および地上の敵機を目標と定めていた。

午前二時四十五分、第二波空中攻撃隊として艦戦三十六機、艦爆八十機、艦攻五十四機、計百七十機が発進した。

ハワイは現地時間十二月七日、日曜日の朝だった。当時、ハワイには航空機発見用のレーダーが六カ所に設置されていた。その中でオアフ島北端に設置されていたレーダーを操作していたのは二人の二等兵であった。この当時、真珠湾のレーダーは朝四時から七時まで、たった三時間操作されているだけであった。この日も終了時間の七時となり撤収準備をしていた矢先、レーダーのスキャナーに五十機を超える飛行機の大編隊とおぼしきものがキャッチされた。兵隊はすぐにレーダーを統括する情報センターに電話をした。だが、この日は日曜日で管制官は休日、若手のパイロットが応対したのであった。

午前七時三十五分に航空隊はオアフ島北端カフク岬を雲の切れ目に発見し、七時四十分に「突撃準備隊形作れ」「トツレ」が発信され、信号弾が発射された。

七時四十九分、第一波空中攻撃隊は真珠湾上空に到達。攻撃隊総指揮官が各機に対して「ト」連送「ト・ト・ト」で「全軍突撃」を命令した。

七時五十二分、旗艦赤城に対して「トラ」連送「トラ・トラ・トラ」を打電した。これは「ワレ奇襲ニ成功セリ」の暗号略号であった。この電波は赤城で中継され、広島基地に待機していた戦艦長門に伝送された。その電信は乗船していた山本五十六連合艦隊司令長官。それに東京の大本営でも指揮官機の電波を直接受信した。七時五十三分に赤城から、「隊長、先の発信、赤城了解」と返信があった。奇襲が成功したことを知った草鹿龍之介は南雲忠一の手を固く握りしめたという。

航空機による攻撃は午前八時〇〇分より開始される予定だったが、これより五分早い七時五十五分に、急降下爆撃隊がフォード島のウィーラー陸軍飛行場へ二百五十キログラム爆弾の爆撃を開始し、これが初弾となった。

ホノルル海軍航空基地作戦士官の中佐は七時五十五分頃に基地に対して急降下してくる航空機の耳をつんざく音に気がつき、近くにいた当直士官の大尉に「機体番号を調べろ」と怒鳴った。「アイツの安全ルール違反を報告しなきゃならん」と命令した。

その航空機はさらに突っ込んできたため、中佐は「機体番号はわかったか?」と当直士官に聞いたが、「いや、わかりません。赤のバンドがついてるから隊長機と思います」という返答があった。中佐が苦々しい顔をしていると当直士官が、「急降下爆撃機が機体を引き起こして上昇するときなにか黒いものが落下しました」と報告した。その瞬間に爆発音が格納庫の方で鳴り響いた。

中佐は表情を強張らせ、「調べる必要はない、日本軍の飛行機だ!」無線室に向かって廊下を走り、当番兵に次の電文を平文で打てと命じた。

「airraid on pearlharbor x this is no drill」(真珠湾空襲さる、これは演習ではない)」

この史上もっとも有名なものとなった電報には、フォード陸軍基地司令官の少将が署名し、アラスカ(Alaska)に至るまでアメリカ海軍全基地に警戒を呼び掛けた。

攻撃が始まってしばらくしてからようやくワシントンDCの海軍省へ伝えられ、長官にも伝えられた。電報を手に、報告した海軍作戦部長に、「なんだと! こんなことはあり得ない、フィリピンのことではないのか?」と叫んだが、担当官は、「いや長官、これは真珠湾のことです」と答えた。その航空機が左に大きく機首を起こした際に、主翼の日の丸マークがはっきりと見えた。「日本軍だ！」「配置につけ！」と叫びながら、艦橋に向かい、「全艦発進せよ！」と警報を出させた。

続いてヒッカム（Hickam）飛行場からも爆煙が上がった。飛行場攻撃の爆煙があまり激しくならないうちに水平爆撃を開始する旨を決意し、水平爆撃隊に「突撃」（ツ・ツ・ツ……のツ連送）を下命した。大日本帝国海軍の戦闘機隊による地上銃撃が開始され、八時五分、水平爆撃隊による戦艦爆撃が開始された。

アメリカの軍艦は朝八時ちょうどに艦尾に星条旗を掲揚する儀式があり、この日も各艦の後部甲板に士官と水兵が整列していたが、その時に日本軍の攻撃が開始された。軍艦ネバダ（Nevada）では二十三名の軍楽隊による国歌の演奏が開始されていた。だが、その上空を、九七式艦上攻撃機が低空飛行で飛び越えていった。しかし、軍楽隊は誰も隊列を離れることなく最後まで演奏していた。投下された魚雷はウエストバージニア（West Virginia）に命中。その時、ようやく戦闘配置が発令された。

アメリカ軍水兵たちは慌てて配置につき、上空を乱舞する日本軍機に向かって射撃を開始したが、なかなかスムーズにはいかない。また、各艦の弾薬庫には鍵がかかっており、なかなか開けることができなかったが、駆逐艦では艦長が、「鍵がどうしたというんだ、叩き壊してしまえ」と命じるなど、混乱しながらも臨機応変な対応を行っていた。

アメリカ軍水兵たちが反撃のために四苦八苦している時にも、「戦艦通り」と呼ばれた戦艦泊地の主力戦艦部隊に、日本軍雷撃機が投下した魚雷が次々と命中していった。ウエストバージニアに続いて、オクラホマ（Oklahoma）、メリーランド（Maryland）、アリゾナ（Arizona）、テネシー（Tennessee）。それに少し離れた所に停泊していたカリフォルニア（California）が命中弾を受け、なかでもオクラホマの被害が最も甚大であった。

二発目の魚雷で全艦停電となると、三本目の魚雷が左舷の艦体を引き裂き、大きく傾斜して艦内に流入した海水が多くの水兵を押し流していた。

オクラホマにはさらに二発の魚雷が命中し傾斜は拡大する一方であった。また、弾薬庫では四百五十キロ主砲弾が転げまわり水兵を押しつぶした。オクラホマの水兵でもっとも恵まれていたのは、上甲板にいた者たちであった。だが、傾斜が進むにつれて次第に右舷に進んでいき、気がついたときには艦底のうえに立っていた。

オクラホマは最初の魚雷が命中してわずか十五分後には転覆してしまった。

戦死者は従軍司祭の神父を入れて四百二十九人となったが、転覆した時に艦に閉じ込められた水兵も多く、三日後に三十二人が転覆した艦内から発見された。八時過ぎには、加賀飛行隊の九七式艦上攻撃機が八百キログラム徹甲爆弾をアリゾナに向けて投下、一発目が四番砲塔側面に命中し、次いで八時六分、二番砲塔横に命中した爆弾が前甲板を貫いて前部火薬庫を誘爆させた。その瞬間高さ百五十メートルにも及ぶキノコ雲が立ち上り、激しい衝撃が周囲を襲った。

戦艦隊の消火のために近づいていた消火艇の乗組員たちは全員衝撃で艇に身体を押しつけら

れ、アリゾナ近くに停泊していた艦艇の水兵の多くが海の中に投げ出された。一瞬にして、艦橋で指揮を執っていた第一戦艦部隊司令官と艦長大佐を含む千百二十人が爆死した。空中に吹き上げられた鋼鉄や木片、キャンバスが降り注ぐ中、アリゾナ乗組員の遺体が降り注いでいた。

係留されたままでは沈没するアリゾナ。巻き添えとなってヴェスタルも沈没。その隣に並んで停泊していたテネシーに爆弾が命中。その破片がウエストバージニアの艦橋を破壊。艦長の大佐がその衝撃で、艦橋から右舷の機関銃座まで転落してしまった。

フォード島を挟んで反対側には、標的艦ユタが停泊していた。標的艦といっても元々は戦艦の大型艦船で、甲板を爆撃訓練用に分厚い木板で覆っていた。日本軍機はユタを空母と誤認し、蒼龍の搭乗機を含む五機の九七式艦上攻撃機が魚雷を投下、うち二発が命中した。ユタは次第に傾斜し、そのときに甲板を覆っていた木板がよじ登ってくる水兵たちに直撃し、致命的な役割を果たしてしまった。やがてユタは懸命の復旧作業にもかかわらず横転した。

オアフ島各航空基地は、日系人による破壊工作を警戒し、警備しやすいように航空機を分散せず、集結させて配置していた。これが、裏目に出た。日本軍の爆撃や銃撃で航空機の損害を大きくする結果を招いた。

ハワイ航空軍のオアフ島防衛の要となるホイラー飛行場は、真珠湾攻撃で一番目に日本軍の攻撃を受けることとなった。ホイラー飛行場には、アメリカ陸軍航空隊主力戦闘機、八十七機。主力の百八十機が配備されていたが、急降下爆撃隊二十五機の爆撃で、集結駐機していたアメリカ機の燃料に引火し、次々と航空機が炎上、少佐率いる制空隊の戦闘機四十三機。それに地上に並んでいたアメリカ軍戦闘機に機銃掃射を行い次々と撃破、たちまち半数の八十八機が撃破され戦闘力を喪失していた。

爆撃機の主力がヒッカム飛行場に駐機されていたが、三十四機の爆撃機が撃破され、航空基地では最大の人的被害となる百八十二名の戦死者を出し壊滅した。

太平洋艦隊司令官ハズバンド・キンメル（Husband Kimmel）は、この日は早朝からハワイ方面陸軍司令長官とゴルフの予定であったが、司令部に出頭するため、ゴルフを諦めて着替えにいったん自宅に帰っていた。そこへ司令部から「日本軍機、真珠湾を攻撃中」という電話が入った。驚愕したキンメルは受話器を叩きつけ、慌てて家の外に出ると、戦艦列に群がる日本軍機が見え呆然と立ち尽くした。

キンメルは迎えにきた車に飛び乗ると、八時五分には司令部に到着したが、車から降りる時すでに爆弾の爆発音や対空砲火の砲声などの爆音や、火薬や燃料の匂いで、周囲は地獄さながらの状況となっていた。司令部についてもキンメルにできることは、戦艦隊が日本軍機に攻撃される状況を見守るだけであった。

一方の陸軍司令長官ウォルター・ショート（Walter Short）はゴルフ場から官舎に戻ると、爆発音が聞こえだしたためベランダから外の様子をうかがったが、海兵隊のパイロットが演習をしているものと勘違いした。参謀の知らせによりようやく事態を飲み込めたショートは、陸軍全部隊に第三警戒態勢を命じたが、「二隻の戦艦が沈んだ」という情報部長補佐の報告に対して、「そんなこと、笑止千万だ！」とはねつけ、信じようとしなかった。

ホノルルの繁華街では、水兵たちがバス、タクシー、乗用車、軍用トラックといったあらゆる交通手段を使って基地にたどり着こうとやっきになっていた。それにパトカーや消防車などの緊急車両も加わり、真珠湾に向かう二車線の道路は車で溢れ、制限速度を守っている車はなかった。

その頃、日本軍の攻撃にさらされているアメリカ兵たちは、日本軍のパイロットの技量に驚愕していた。この日までアメリカ人は日本軍の航空戦力など取るに足らず、三流のパイロットが操縦する二級品の飛行機の寄せ集めと思い込んでいた。しかし、日本軍の急降下爆撃機は見事な降下で針の先に命中させるような精度で爆弾を命中させ、雷撃機は教科書どおりの魚雷投下を行っていた。

特にアメリカ兵を驚かしたのは、日本軍機の低空飛行であった。あまりにも巧みに低空を飛行するため、戦艦泊地に突撃を開始した雷撃機は、海軍工廠病院の最上階から見下ろすことができ、日本軍機の操縦席どころかパイロットの表情まで見えたほどであった。

日本軍の第一波攻撃が一段落した頃に被った損害が明らかになってきた。戦艦二隻が完全に撃沈。戦艦三隻が大破し、多数の死傷者が出ているとの報告を聞いてキャンメルは苦悶の声を上げた。

ハワイ時間午前八時五十四分。第二波空中攻撃隊が「全軍突撃」を下命した。水平爆撃隊の艦攻五十四機は航空基地を爆撃し、急降下爆撃隊七十八機が第一波が大損害を与えたアメリカ艦船に追い打ちをかける作戦であった。だが、アメリカ軍は第二波攻撃隊襲来まで攻撃が下火になった十五分から三十分の休みを使って、攻撃に対する準備を行っていた。

飛行場の滑走路に飛び散った残骸を片付け、対空機銃や高射砲を据えつけ、海兵隊や陸軍歩兵は陣地を構築した。戦艦ネバダは第一波攻撃で魚雷が命中していたのと、近くで爆沈したアリゾナの燃料火災が迫っていたため、外洋に退避することとした。そのために戦艦泊地のブイに係留している舫を解くため大尉と部下が作業していたところに急降下爆撃機が襲い掛かり、舫を解いた刹那に日本軍機が投下した爆弾が作業していた近くの海面に着弾し、戦死した。舫が解けたネバダは戦艦泊地を脱出することができ、外洋に向け南水路を前進し始めた。

そのネバダを急降下爆撃隊隊長の少佐が発見。戦艦を主水道で沈没させ真珠湾を封鎖できるチャンスと、攻撃を集中させた。激しい地上からの対空射撃に急降下爆撃機はたちまち三機を撃墜された。ネバダも六発の直撃弾と二発の至近弾を浴びて沈没の危機に瀕した。それを見ていた地上の艦船管制塔から、ネバダに浅瀬に退避するよう信号を送ると共にタグボート二隻を派遣した。ネバダは指示どおり外洋脱出を諦め、ホスピタル・ポイントにタグボートの支援を得ながら到達し、自ら座礁し沈没を回避した。

日本軍急降下爆撃隊は戦艦ペンシルバニアや駆逐艦が収容されていたドックにも襲い掛かった。民間工はクレーンを振り回して、低空で侵入してくる日本軍機を払いのけようとした。捨て鉢な行動ながら、しばらくの間は日本軍機の妨害に成功したが、やがて爆弾が命中してクレーンは破壊された。

水上機母艦には被弾した艦上爆撃機一機が体当たりし、大火災を起こした。軽巡洋艦も日本軍機による包囲攻撃を受けて、投下された二発の二百五十キロ爆弾のうち、一発が至近弾で、もう一発が後甲板に立っていた二人の水兵の間に命中したが、そのまま艦を貫通して艦底を突き抜けて海底で爆発した。ホイラー飛行場からは四機の戦闘機が離陸し、日本軍機を迎撃しているが、蒼龍零戦隊もその空戦に参戦し、戦闘機一機を撃墜させる。

機動部隊とは別に特殊潜航艇を搭載した伊号潜水艦五隻は編成で十一月十八日から十九日にかけて呉沖倉橋島の亀ヶ首を出撃し、十二月七日オアフ島沖、百三十六海里まで接近した。特殊潜航艇はハワイ時間午前〇時四十二分から約三十分間隔で順次真珠湾に向かって出撃した。

結果は以下のようになった。

一隻が航空機による最初の真珠湾攻撃が始まる前、逐艦に発見され、追跡された後に撃沈された。別の一隻が湾内に潜入することに成功、駆逐艦と交戦したものの撃沈された。また別の一隻は航空機攻撃を避けて湾外に脱出。軽巡洋艦セントルイスに湾入り口付近で魚雷攻撃を行ったものの失敗、砲撃を受け、さらに周囲の米軍艦艇が加わって爆雷攻撃を受け、撃沈された。

さらに別の一隻は出撃前にジャイロコンパスが故障しており、艦長の判断で出撃したものの湾突入前にたびたび座礁・離礁を繰り返し、一時は駆逐艦に追われ、度重なる座礁の衝撃で魚雷発射装置は故障、最後には回収地点に向かう途中で座礁して船艇を放棄、拿捕された。最後まで行方不明のまま残っていた一隻も近接した魚雷未発射のまま沈没していたのを発見された。

すべて帰還艇なしという結果に終わった。

乗組員八名と、座礁した艇から脱出して水死体が確認された一名を加えた九名が二階級特進し、「九軍神」として顕彰された。

機動部隊は攻撃隊の収容に備え真珠湾北方百九十海里にまで南下していた。攻撃後は次席指揮官である第三戦隊司令官の中将から再攻撃の意見具申があったが、第一航空艦隊司令長官の南雲忠一は参謀長の進言もあり、予定どおり離脱した。第二航空戦隊司令の少将は「第二撃準備完了」と南雲に信号を送った。連合艦隊司令部では連合艦隊長官の山本五十六に、参謀の数名が、「再度の攻撃を第一航空艦隊司令部に催促するべし」と進言したが、山本五十六は「南雲はやらんだろう」「機動部隊指揮官に任せよう」と答え、再度の攻撃命令は発しなかった。この時点で催促しても攻撃は夜間攻撃か翌朝となり、危険であるという判断もあった。日本時間午前四時四十五分。

午前六時過ぎに第一次攻撃隊が帰投、第二次攻撃隊も七時前後には帰投した。最後に帰還したのは午前八時十四分頃、被弾によるエンジンの回転数を最低にして帰ってきた飛龍所属の機だった。午前九時頃、艦隊は北北西に変針し日本への帰路についた。軍令部は真珠湾攻撃に対して、アメリカ艦隊主力を抑え、敵減殺を企図するのを本作戦の主目的としていたため、見事な作戦指導と評価した。

山本五十六は空母の喪失を引き換えにしても、戦争を終わらせるダメージを与えたいという考えだった。山本五十六は十二月八日、第一艦隊の戦艦長門・陸奥・伊勢・日向・扶桑・山城および第三航空戦隊空母と護衛駆逐艦などを率いて瀬戸内海を出撃した。南雲忠一機動部隊収容のためという名目だった。対潜哨戒を実施しつつ小笠原諸島附近で反転した。

十二月二十六日、異例ながら昭和天皇への真珠湾攻撃の軍状奏上が行われ、続く海軍大臣官邸での祝賀会では海軍郡司参事官が参集、翌二十七日に霞ヶ関離宮で成人皇族達と面会するなど真珠湾攻撃の成功は大きく騒がれた。

一方、攻撃されたアメリカでは大きな政治問題になったいた。

フランクリン・ルーズベルト大統領に真珠湾攻撃の第一報が届いたのが、ワシントン時間で、十二月七日午後一時四十分であった。海軍長官より電話で「真珠湾に空襲、演習にあらず」と知らされたが、補佐官がその情報の信憑性を疑っていたのに対して、ルーズベルトは、「たぶん本当だ」「これはまさに日本人がやりそうな種類の予期せぬ出来事だ」と述べている。

その後、ホワイトハウスに外交政策の顧問と軍の首脳を集めて対策を協議したが、ルーズベルトの、「損害はどのくらいか?」「日本軍は次になにをやりそうか」と矢継ぎ早の質問に対し、軍首脳らは回答をするだけの情報を持たなかった。真珠湾の情報が準備できた夜八時半に各省の長官を集めて再度会議を招集することを決めていったん散会した。

九時、全員が到着すると会議が始められた。会議の最中に艦隊の損害状況の報告が入ったが、ルーズベルトはその報告を電話で聞くたびに一同に聞こえるぐらい大きなうめき声をあげ、会議の出席者はルーズベルトの苦悶に強い印象を植え付けられた。この真珠湾奇襲作戦はアメリカ政府上層部に取っては「寝耳に水」であった。ルーズベルトは、「騙し撃ちだ!」と叫びまた、アメリカの報道機関は、「宣戦布告無き戦争。卑怯だ!」と大日本帝国海軍を批判した。

アメリカは戦艦四隻を撃沈され、三千数百名の将兵を失った。大統領は激怒。国民に報告する義務があり、大統領は上院議会で演説を行った。日本の悪魔的攻撃を全土に大キャンペーン(Campeign)。

「リメンバー・パールハーバー!」(Remember Pearl Harbor)

政府は国民の戦争への関心を高め感動を呼び覚まし、多くの若者たちを志願兵として太平洋の島々へと誘いだしたのである。

この日、十二月八日。日本軍はハワイと同時にマレー(Malay)半島上陸作戦を実行。十二月十日には海軍がマレー沖海戦でイギリス(England)海軍を撃破。陸軍はグアム(Guam)上陸を敢行したのだ。さらに翌年春までに香港(Hong Kong)、マニラ(Manila)、シンガポール占領(Singapore)と続き、戦争の行方を楽観視するようになっていた。

だが、アメリカ軍はそう甘くはなかった。勝利が逆に日本軍の苦痛を引き起こしていた。なぜなら、無謀な攻撃を展開し、東南アジアから南太平洋にかけて、拡大した広大な戦線を維持するため、日本は兵力、それに船や航空機を飛ばす、石油を始めとする物資の補給に対して次第に苦しむこととなっていたのである。

そんな状況の中、発生したミッドウェー海戦（Battle of Midway）は、一九四二年（昭和十七年）六月六日から七日にかけて、中部太平洋上のアメリカ領ミッドウェー島付近で行われた海戦である。戦争は同島攻略をめざす日本海軍をアメリカ軍が迎え撃つ形で発生した。日本海軍空母機動部隊とアメリカ海軍空母機動部隊および同島基地航空部隊との航空戦の結果、日本海軍は投入した空母四隻とその艦載機約二百九十機のすべて、および兵士ら三千名を失ったのだ。

ミッドウェー海戦、この敗北で同作戦は中止され、日本の敗戦は色濃くなっていった。敗戦である。苦しみはそれだけではなかった。頭脳の損失であった。ハワイ真珠湾攻撃から二年。四月十八日、山本五十六は戦場視察のために二式陸上攻撃機十六機編隊でブーゲンビル（Bougainville）島上空を飛行中であった。

「元帥閣下搭乗！」情報がアメリカ軍空軍基地に届いた。出撃したアメリカ軍の一人乗りの爆撃機ライトニング（Lockheed P38 Lightning）はブーゲンビル島上空で山本五十六元帥搭乗機を発見、撃墜したのである。山本五十六は「戦死」。この時点で「五十六神話」は消えた。

その神話に影を差すような事件が起きた。南雲忠一がサイパン島で「玉砕」したのだ。ハワイ真珠湾攻撃で山本五十六の指揮下で第一航空攻撃隊を指揮した師団長南雲忠一がサイパン島で玉砕したのである。ミッドウェー海戦は英雄山本五十六。そして指揮した南雲忠一。

この両者の「死」はこの戦争に大きな意味が持たされていた。つまり、今回の太平洋戦争はヨーロッパの独裁的な帝国主義者と硬い絆で結ばれていた筈の「三国同盟」に異変が生じたのである。第二次世界大戦の「三国同盟」の一郭、イタリア（Italy）が崩壊したのだ。

独裁者ベニート・ムッソリーニ（Benito Mussolini）政権が崩壊し、アルプスに逃亡したのである。落ち武者ムッソリーニはイタリア北部の山岳地帯でパルチザン（Partizan）との銃撃戦の末に敗れ、射殺された。遺体は戦争犯罪人としてミラノ（Milano）に護送され、広場で愛人クララ・ペタッチ（Clara Petacci）と共に逆さ吊りされたのである。一九四五年（昭和二十年）四月三十日のことである。

信じられないが、ムッソリーニがミラノで処刑された同じ日、ナチス・ドイツ（Nazi Germany）の総督アドルフ・ヒトラー（Adolf Hitler）は迫り来るソ連赤軍の存在を知り、ベルリン（Berlin）の総督地下室で四十時間前に二人で結婚式を上げ、夫人となったエヴァ・ブラウン（Eva Braun）と自殺を図ったのだ。ナチスの崩壊である。

イタリアとドイツの独裁者の二つの「死」。この二つの「死」で第二次世界戦争のヨーロッパ戦線の幕を下ろしたのである。

二つの事件を重要な大戦のポイントと捉えたアメリカ軍は大日本帝国軍に対して全軍をあげ、圧倒的な物量作戦で総攻撃を仕掛けたのである。南洋諸島、ミクロネシア（Micronesia）諸島、サイパン（Saipan）、グアム、それに中国などの闘いに敗れた日本軍は敗走の足の速度を速めた。

「総玉砕」本土決戦を決意した大本営は天皇の最終戦としていた沖縄死守戦を戦ったのである。日本軍の戦いの勢いは、弱く、力を失っていった。圧倒的な武力を誇る重爆撃機B29（Boeing B-29 Superfortress）のアメリカ軍の攻撃力は日本軍が必死に防戦する沖縄を踏みにじった。

当時の大本営の発表はすべて嘘であった。それを信じた日本人は帝都東京や大阪などで大空襲に襲われ、多くの人々は為す術もなく、犠牲になり、街は崩壊され、荒廃していった。無残な大日本帝国の敗退。広島、長崎への原子爆弾の投下。

一九四五年（昭和二十年）八月十五日。

ポツダム宣言受諾。

敗戦。

大日本帝国は地獄に堕ち、人々は路頭に迷い、辛酸を舐めた。

「琉球弧」の豊かな文化を維持していた沖縄と奄美諸島の人々はアメリカ軍に占領され、新たな文化を肌で感じなければならなくなった。

Session 13 「昭和の妖怪」 敗戦、岸信介の「命乞い」断末魔記

一九四五年（昭和二十年）八月六日と八日。

人類初の原子爆弾を二発、アメリカ軍によって広島、長崎に投下され、空前の被害を被り、大日本帝国は第二次世界大戦に敗北した。

大戦時、総理大臣だった東條英機は日本が降伏した時、自宅で拳銃自殺を図った。だが、連合国軍の軍医は、「罪がある。死なしてはならない！」との必死の治療により一命を取り留めた。拳銃の弾は心臓を掠め、床に食い込んでいた。命を助けられた占領軍によって「東京裁判」が開かれ、一九四八年（昭和二十三年）十一月十二日、A級戦犯として絞死刑の判決が言い渡された。その年の十二月二十三日、この日は天皇誕生日であったが、当然の如く非情な連合国軍最高司令長官ダグラス・マッカーサー元帥は死刑を執行した。

巣鴨拘置所で処刑されたのが七人であった。

東條英機（Tojo Hideki）。

板垣征四郎（Itagaki Seishiro）。

木村兵太郎（Kimura Heitaro）。

土肥原賢二（Doihara Kenji）。

武藤章（Muto Akira）。

松井石根（Matsui Iwane）。

広田弘毅（Hirota Koki）。

六人が軍人。一人が政治家であった。戦争犯罪者はこの七人だけではない。B級戦犯者は横浜をはじめ、フィリピンのマニラ、ロシアや中国で大量に処刑されていった。その数、数千人とも言われている。さて、もう一人の戦争犯罪者岸信介（Kishi Nobusuke）は一九四八年（昭和二十三年）十二月二十五日に釈放された。糸瓜のような細い顔に、出っ歯の権力者・岸信介。絶頂期の満洲時代には料亭で酒を呑み、芸者遊びにも通じるばかりか、軍部やアジアを股にかけていたアヘン業者とも付き合え、多額の軍資金を平気で動かす「豪の者」であったという。戦後、戦犯被疑者として収監されるが、不起訴。

後にアメリカＣＩＡ（中央情報局）のエージェントとして活動し、日本とアメリカの権力者に都合の良い権力を戦後にも維持していた。その後、岸信介は内閣総理大臣も務め、「悪行の限りを尽くし」、安保闘争では首相官邸に押し掛けた数十万人もの反対派のデモ隊と闘いながら、日米安保の根幹の条約を結んだのである。実の弟で岸信介の二代後の総理大臣を務めた鉄道官僚の佐藤栄作（Sato Eisaku）。

孫に当たる内閣総理大臣だった安倍晋三が二〇二二年（令和四年）七月八日朝十一時、近畿鉄道奈良線の西大寺駅前広場で選挙応援演説中に奈良市内の青年に銃撃され「暗殺」された。衝撃的な首相経験者の「暗殺」事件であった。「暗殺」の原因は旧「統一教会」への多額の献金などと言われているが本当の原因の芯だとは思えない。「原因」は複数。当然、旧「統一教会」への献金が大きな問題であることは確かであるが、だが、その「億を超す献金」は「暗殺」された前安倍晋三首相の著書『美しい国へ』でも、言及している。つまり、「暴力的な存在」の祖父岸信介が大きく孫の安倍晋三の切れて消えそうな神経に関わり合っているのである。

「世間の轟轟たる非難を向こうに回して、その泰然とした態度には、身内ながら誇らしく思う」と書いている。一般的に、祖父を尊敬する心情は理解できるが、岸信介が第二次世界大戦のA級戦犯容疑者になったのにはそれなりの理由があったからである。

では、岸信介とはどんな人物だったのか。

岸信介は、戦前、農商務省で超国家主義的「革新官僚」として頭角を現した。岸信介は日本の傀儡国家「満州国」において、東條英機内閣が関東軍憲兵司令官、参謀長を務めたもとで、関東軍と密接な連携のもとに経済・産業の実質的な最高責任者として権勢をふるい、「産業開発五カ年計画」による鮎川財閥の導入などによって、資源の略奪をはじめ植民地支配を行っていた。

「二キ三スケ」は東條英機の「キ」、財閥の星野直樹（Hoshino Naoki）の「キ」、岸信介の「スケ」、日産の鮎川義介（Ayukawa Yoshisuke）の「スケ」、それに国際連合からの脱会の演説を行った南満州鉄道の総裁松岡洋右（Matsuoka Yosuke）の「スケ」で構成されており、その名で恐れられたのもその頃である。この時期、「満州」経済は裏でアヘン取引によってばく大な利益をあげていて、その中からの巨額の資金が岸信介を介して関東軍の東條英機にわたり、それが東條英機の首相になる工作に使われたとの説もある。

岸信介はその後、東條英機内閣の成立とともに、もっとも頼りにする盟友の一人として商工大臣、軍需次官をつとめ、侵略戦争遂行のための国家総動員体制、国家統制による軍需生産増進、「大東亜共栄圏」の自給自足体制確立など戦時経済体制推進の施策を進めていた。岸信介が戦後A級戦犯容疑者として戦争責任を問われたのはごく自然のことであった。

一九四五年（昭和二十年）九月、岸信介は日本船舶振興会笹川良一（Sasagawa Ryoichi）、右翼の児玉誉士夫（Kodama Yoshio）らとともに東京・巣鴨拘置所に収監されたが、アメリカの対日占領政策の転換とともに、一九四八年（昭和二十八年）十二月に釈放された。岸信介は自らの戦前・戦中の役割、悪行を反省するどころか、それを「正しい行為」であるとみなす世界観、価値観を終生かたくなに持ち続けた。

長州毛利藩の旧制山口中学、旧制第一高等学校を経て東京帝国大学に進み、卒業後は農務省、商工省にて要職を歴任し、建国されたばかりの満州国に入り、国務院高官として「満州開発五カ年計画」を手がけた。その後、日本本土の商工省に復帰し、次官に就任する。東條英機内閣では商工大臣として入閣、後に国務大臣として軍需省次官を兼任。戦前は「革新官僚」の筆頭格として陸軍からも関東軍からも嘱望された。

東條英機内閣では太平洋戦争開戦時の重要閣僚であったことから、極東軍事裁判ではA級戦争犯罪者被疑者として三年半拘留され、死刑の最前列に並んでいたが、不起訴のまま釈放されたのである。他の戦争指導者同様、公職追放は免れなかったが、それも東西冷戦の影響による米国の方針変更によりサンフランシスコ平和条約発効とともに解除された。

終戦後は、公職追放が解除されると日本再建連盟設立や日本社会党への入党を模索する。だが、政界復帰を目指し、弟の佐藤栄作が属する吉田茂自由党に入党して政界に復帰する。しかし、対米追従姿勢の吉田茂と対立して除名、日本民衆党の結党に加わり、保守合同で自由民主党が結党されると幹事長となった。

石橋湛山（Ishibashi Tanzan）内閣にて外務大臣に就任する。首班石橋湛山の病気により臨時代理を務め、石橋湛山内閣が総辞職すると後任の内閣総理大臣に指名され、日米安保体制の成立に尽力し、六十年安保も乗り切ったのである。

昭和五十四年の政界引退後も後継者の福田赳夫（Fukuda Takeo）などを通じて自民党右派の象徴として政界に影響力を行使し、晩年は「昭和の妖怪」ともあだ名されつつ、また女婿の安倍晋太郎（Abe Shitaro）の首相就任を目指していた。内閣総理大臣佐藤栄作は実弟。岸信介の長女・洋子（Yoko）は安倍晋太郎に嫁いだ。洋子の次男が「暗殺」された内閣総理人臣安倍晋三。

若き頃の岸信介は社会主義に関心を寄せてカール・マルクスの「資本論」や往復書簡などを読

んだものの国粋主義者二・二六事件で処刑された北一輝や、大川周明の思想の方に魅了され、上海で大川周明に説得されて帰国していた牛込の北を訪ねている。後の満洲国への関与などに対する大川周明の影響を岸は認めており、「大学時代に私に最も深い印象を与えた一人」として、「おそらくは、のちに輩出した右翼の連中とはその人物識見においてとうてい同日に論じることはできない」と岸は語っている。

また、岸信介の言葉として「政治は力であり、金だ。」というものがある。岸信介内閣の頃に金権政治の体質が始まったとする見方もあり、鳩山一郎(Hatoyama Ichiro)は岸信介をさして「あんな金に汚くてはいけない」と言っていたという。しかし岸信介は田中角栄（Tanaka Kakuei)の金の集め方を危険視しており、「金は濾過機を通せ」と語っていた。なお、岸信介にはいくつかの戦後賠償に関する汚職疑惑が浮上した。例えば韓国ソウル地下鉄汚職事件などがあるが、立ち消えになっている。

「昭和の妖怪」の異名を持つ、悪運の岸信介だが、なにしろ岸信介は三度、死を覚悟したことがあると語る。一度目は戦前、東條英機内閣時代に閣僚として首相と意見が対立、閣僚を辞任したが辞表提出ができず、提出を拒否された時だ。とにかく、戦前である。東條英機は命を賭けていたので危険だった。結局、総理も辞任した。

二度目はA級戦犯被疑で捕まった時。アメリカのMPたちの顔を見た時、ゾッとした。

それに三度目は「六十年安保闘争」の際に首相官邸の中でデモ隊に取り囲まれた時。

この三回だ。

なかでもアウトとだと思ったのがマッカーサー元帥に捕まり、巣鴨プリズンに送られた時だ。鉄格子の中に放り込まれ、「ガシャン」と鍵を掛けられた時、もう、娑婆にはオサラバ。厭な感じだったと言う。「運が強くないと政治家はダメ、運が七割」「悪運は強いほどいい」と岸信介は語っている。

一九五五年（昭和三十年）八月の訪米時、重光葵外務大臣が求める安保改定をタカ派のジョン・フォスター・ダレス国務長官が一蹴した。その場に同席していた岸信介は大きな衝撃を受けた。アメリカの厳しい態度の背景には、日本が自主防衛の努力を怠りタダ乗りすること、また米国陣営から離脱することへの懸念があったが、こうした懸念を解消し、安保条約の不平等性を解消する必要があると、岸信介は強く認識するようになっていく。

従前より「総理は外交や治安にこそ力を入れなければならない」と述べ、「日本の真の主権回復」を目指していた岸信介にとって、総理・外務大臣を兼務できたことは幸甚であった。

一九五七年（昭和三十二年）一月、米兵ジラードが農婦を射殺した事件が発生し、裁判管轄権が日本側にないということが明らかになると世論は激昂し、日米安保は危機に瀕した。この事件によって、日本がアメリカに基地を提供する一方でアメリカ側には日本を防衛する義務はなく、また日本はアメリカの基地使用に対する発言権もないという不平等性が国民に対しても明らかになった。

「政治生命をかけた大事業」と安保改定に意気込む岸信介は、首相に就任した直後から駐日米国大使と内密に協議を重ねた。その中で岸信介は、「安保条約は、日本国民の多数によって日本の対米従属的地位の象徴として見られている。知らざる間に自動的に戦争に巻き込まれてしまう危惧を抱くこととなり、日本国民の戦争嫌悪感情と相まって安保条約反対の空気を強める結果となっている」と揺さぶりをかけつつも、沖縄等の返還合意・五年後を目処とした日本国憲法の改正・安保改定と「相互防衛」が可能な体制構築といったビジョンを示し、大使からも好意的に評価された。「国防基本方針」を閣議決定し、アメリカの懸念を払拭するために、日米協力による日本の安全保障、国力に応じて防衛力を漸増することなどを明記した。

九月、外務省は外交三原則として、「国連中心主義」「アジアの一員としての立場の堅持」「自由主義諸国との協調」を掲げた。

疑問や批判に答えるため翌年に外務省は、日本の国是は、「自由と正義に基づく平和の確立と維持にあり、この国是に則って、平和外交を推進し、国際正義を実現し、国際社会におけるデモクラシーを確立することが、わが国外交の根本精神である」として、外交三原則はこの根本精神の外交活動の現れ方を示すと答弁した。

また、岸信介が携行した外交資料にはアジアのナショナリズムの理解、東南アジア開発基金構想、将来中国共産党を承認する必要性が出てくるため台湾と「二つの中国」双方への考慮が必要であること、核実験禁止のアピールなどが書かれており、「パワー・ポリティクスとしての国際政治に道義の要素を入れることこそ、我々アジア諸国に課せられた使命」と書かれていた。岸信介は内閣改造で外務大臣に藤山愛一郎（Fujiyama Aiichiro）を抜擢し、「アジア外交のなかでも中共の問題」をやってもらうと述べた。

一九六〇年（昭和三十五年）一月に全権団を率いて訪米した岸信介はアイゼンハワー大統領と会談し、新安保条約の調印と大統領自身の訪日で合意した。新条約の承認をめぐる国会審議は、安保条約廃棄を掲げる社会党の抵抗により紛糾。五月十九日には日本社会党議員を国会本議場に入れないようにして新条約案を強行採決したが、国会外での安保闘争も次第に激化した。

警察と右翼の支援団体だけではデモ隊を抑えられないと判断した岸信介は、右翼の児玉誉士夫を頼り、自民党内の「アイク歓迎実行委員会」委員長の橋本登美三郎（Hashimoto Tomisaburo）を使者に立て暴力団組長の会合に派遣したのである。錦政会会長、住吉会会長やテキヤ大連合のリーダーで関東尾津組組長ら全員が手を貸すことに合意。

さらに三つの右翼連合組織にも行動部隊になるよう要請。ひとつは岸信介自身が組織した右翼団体、それに右翼の連合体である全日本愛国者団体協議会、戦時中の超国家主義者も入った日本郷友会。博徒、暴力団、恐喝屋、テキヤ、暗黒街のリーダー達を説得し、アイゼンハワー大統領の安全を守るため「効果的な反対勢力」を組織した。最終計画によると一万八千人の博徒、一万人のテキヤ、一万人の旧軍人と右翼宗教団体会員の動員が必要であった。彼らは政府提供のヘリコプター、軽飛行機、トラック、車両、食料、司令部や救急隊の支援を受け、さらに約八億円の

「活動資金」が支給されていた。ただし岸信介は、「動員を検討していたのは消防団や青年団、代議士の地元支持者らである」と述べている。

政府の強硬な姿勢を受けて、反安保闘争は次第に反政府・反米闘争の色合いを濃くしていった。国会周辺は連日デモ隊に包囲され、六月十日には大統領来日の準備をするために来日した特使、ハガティ新聞係秘書の乗ったキャデラックが東京国際空港の入り口でデモ隊に包囲されて車を壊され、ヘリコプターで救出される騒ぎになっていた。岸信介は、「デモの参加者は限られている。都内の野球場や映画館は満員だし、銀座通りも平常と変わりない」「私は『声なき声』に耳を傾ける」と沈静化を図るが、アイゼンハワーの「暗殺」まで噂されたことで訪日は中止となった。

さらに六月十五日には、自由民主党からの支援を受けたヤクザと右翼団体がデモ隊を襲撃して多くの重傷者を出し、国会構内では警官隊とデモ隊の衝突により、学生活動家の樺美智子（Kanba Michiko）が圧死する事故が発生した。六月十五日と六月十八日には、岸信介から自衛隊の治安出動を打診された防衛庁長官・赤城宗徳（Akagi Munenori）が、「自衛隊に同胞を傷つける命令は出せない」と拒否。

安保反対デモは最高潮に達し、官邸からの退避要請を受けるが、「ここが危ないと言うならどこが安全だというのか。官邸は首相の本丸だ。本丸で討ち死にするなら男子の本懐じゃないか」「俺は殺されようが動かない。覚悟はできている」と警察の要求を拒絶して、群衆に囲まれた総理大臣官邸に実弟の佐藤栄作と共に留まった。

六月十九日午前零時をもって条約は自然承認され、六月二十三日の批准書交換をもって発効した。同日、混乱の責任を取る形で岸信介は閣議にて辞意を表明したのである。辞意表明後の七月十四日、後継首班に池田勇人（Ikeda Hayato）が指名された。その直後、岸信介は暴漢に刺されて重傷を負った。犯人は戦前、右翼団体に属していた荒牧退助で、その後は院外団にいた。翌、七月十五日、岸信介内閣は総辞職した。岸信介は、「私のやったことは歴史が判断してくれる」「安保改定が国民にきちんと理解されるには五十年はかかるだろう」という言葉を残している。

岸信介は首相退陣後も政界に強い影響力を保持し、日韓国交回復にも強く関与した。時の韓国大統領朴正熙（Paku Seiki）もまた満州国国軍将校として満洲国と関わりを持ったことがあり、岸信介は椎名悦三郎（Shiina Etsusaburo）、瀬島龍三（Sejima Ryuzo）、笹川良一、児玉誉士夫ら満州人脈を形成し、日韓国交回復後には日韓協力委員会を組織した。岸信介は韓国政界に強い影響力を持っており、大韓民国情報部（ＫＣＩＡ）元部長も「韓日癒着の日本側の中核は岸信介」であったと評価している。

大統領選挙以来、朴正熙政権を支えたのは日本の自民党勢力からの政治資金であった。この背景には東西冷戦下の安全保障戦略の拠点として韓国を位置付ける極東戦略の一部として、日本側に負担を担わせるアメリカ側の思惑があったとされる。大韓民国情報部（ＫＣＩＡ）によれば、岸信介は韓国への円借款供与と鉄道建設に関連する事業に関与している。

その当時、韓国の交通問題を解決するために地下鉄建設や鉄道電化工事が計画されていたが、受注を巡り、欧州と日本の企業連合間で激しい競争があり、大手商社が、朴正熙と関係の深い岸信介を前面に立てて、韓国政界への働きかけを熱心に行った。「日韓閣僚会議」で、ソウル地下鉄建設に対する円借款供与が合意され、これが決め手となって、日本の商社連合がソウル地下鉄車両に対する売買契約に成功した。商社連合は多額の利益をペーパーカンパニー経由するなどの複雑なルートで、リベートとして韓国政界に還流させ、その多額の資金は朴正熙政権の維持基盤となった。

一九八四年十一月二十六日付けで、時のアメリカ大統領ロナルド・レーガンに対し、アメリカ本国に於いて脱税を行い、懲役刑に処されていた世界基督教統一神霊協会教祖・文鮮明の早期釈放を嘆願する書簡を送付。文面は、「文尊師は、現在、不当にも拘禁されています。貴殿のご協力を得て、私は是が非でも、できる限り早く、彼が不当な拘禁から解放されるよう、お願いしたいと思います」であった。

それから三年後、一九八七年(昭和六十二年)八月七日、岸信介は入院先の東京医科歯科大学で死去した。享年九十歳であった。

葬儀は内閣・自民党合同葬で執り行われた。

エピローグ
「琉球弧」を行く

この本を書き出してから、かれこれ一年。

忘れもしない、二〇二二年（令和四年）七月八日午前十一時頃。

元総理安倍晋三は奈良の駅前で銃撃され「暗殺」されたのだ。

その「暗殺」の原因は旧「統一教会」にあると即座に言われた。

調べてみると戦後、都内のどこかの地下室で岸信介と脂ぎった旧「統一教会」の文鮮明が話し込んでいる超淫靡な一枚の写真にぶち当たったのだ。

「やった！」と小躍りしたが、ヌカ喜びであった。

調べてみると炬燵の上に蜜柑が二十個ほど盛り上がっている前に座る岸信介の長州毛利訛り、それに早口で展開される朝鮮語の肉声が、聞こえて来る気配がまるで無かった。

この時点で私は旧「統一教会」文鮮明への興味が薄れ、干乾びた大根のように触手が動かなかった。

さて、この本のテーマは「暗殺」である。

古今東西の「暗殺」にピントを絞り、日本や世界の歴史や事件を考えてみると「暗殺」だらけだ。

「大化の改新」「源平合戦」「織田信長の石山本願寺合戦」、さらに江戸、明治維新、さらに数々の戦争、皆、誰を、誰が、気に障り「暗殺」するのかであった。

日本の歴史は深く複雑だ。

暗い「暗殺」。賑やかな「暗殺」。淫靡な「暗殺」。笑い転げるような「暗殺」。馬鹿バカしい「暗殺」。闇夜の「暗殺」。

処で、「暗殺」を調べていて、興味をそそられたのが、ロシアのアムール河を泳ぐチョウザメのように至る所で自らの卵を缶詰にして、撒き散らし、キナ臭い「満州帝国」をネグラに、特製の銀のスプーンで口に流し込み、シベリアの大地を徘徊する輩たちの話しだ。

当然、傀儡国家「満州帝国」、泣く子も黙る関東軍の参謀東條英機や悪徳官僚岸信介、三度も皇帝に追いやられた新覚羅溥儀（AishinnkakuraFugi）、鉄路爆破の馬賊の親分張作霖などなど、今後の陰謀に思いを馳せ、酒を酌み交わし、手に入れたチョウザメの卵の香りに酔う。

この「月の砂漠」的な人脈の中には軍人、公家、政治家、詐欺師、アヘンの売人、官僚、僧侶、哲学者、墨絵画家、それに大陸浪人やゴビ砂漠を歩き回る革命家、山師、飯屋、ヨガ仙人、仮面女、公爵夫人などなど誰もが住み暮らす、澄まし込んでる輩など充分に遊べる世界だ。

こんな輩たちを相手に大言壮語、見果てぬ夢を描いて走り廻り、自らの命を砂漠に埋もれ込ますのだ。

さて、この本を書く切っ掛けはやはり、安倍晋三の「暗殺」であった。

あの日、小生、病院のベッドを上で薬を揉みながら、偶然テレビを見ていた。

何気なしに画面を見ていると安倍晋三が選挙演説をやる気満々で駅前の演説台の上に立った。

その瞬間である。

群衆の中から走り出した若者が手製の銃を乱射し始めた。

狙撃された安倍晋三の姿が人々の中に消えた。

撃たれたのだ。

「暗殺」されたのだ。

その後、私は極々平凡な流れの中で本を書き出した。

しかし、私の頭の中に広がり出したのは「権力」と「暴力」の淫靡な関係性であった。

それは安倍晋三、一人の問題では無い。

何故か繋がるのが、糸瓜のような細長い顔の岸信介であった。

私が若い頃から、嫌になるほど闘いの相手として「憎い！」「非情！」な岸信介の顔は見ていた。

私は一瞬、デジャヴだ。

日常的なテレビの画像の中で「暗殺」されたのは安倍晋三ではなく、岸信介に思えたのである。

私は岸信介の顔を思い出しながらこの本を書き出したのである。

何故か。

それは太平洋の彼方から広大に広がる「琉球弧」であった。

その「琉球弧」を戦後、平気な顔で占領軍に担保として差し出したのである。

何故か。本土には「崇め奉る天皇」が居る。

「その神の地」。その血をアメリカの安物の軍靴で踏みにじる事は許されない。

「尊王攘夷だ！」

不敵！いや、不敬である。

「天皇陛下万歳！」

日本軍の総意である。

日本軍代表はすぐさま幾多の民の犠牲で守り抜いた沖縄と奄美群島をアメリカ軍に差し出したのだ。

当然、見返りとして自らの命乞いをしたのだ、
結果、アメリカ軍の本土空爆阻止は出来なかったが、高級軍人や戦争遂行官僚たちは「自らの首」を胴体と繋げることが出来たのだ。

高級軍人たちは自らの命が欲しく奔走した。

その結果、死刑になったのは東條英機を含むA級戦犯六人、それにBC級戦犯多数が横浜やフィリピン（Philippines）のマニラ（Maynila）、モンテンルパ、シンガポール、ナホトカ（Nakhodka）、重慶（Chongging）などで処刑された。

岸信介は満州帝国時代、「お国に爲」とは言え、好き勝手に法律を作り、悪行を繰り返し、一般には死刑執行の最前列に居並ぶ候補だった。

だが、何故か巣鴨プリズンから無罪で釈放された。

それも保釈された日が天皇誕生日の二日後、十二月二十五日だった。

ダグラス・マッカーサーを始め、占領軍の面々、十二月二十三日は「日本の帝王」天皇の誕生日だったのを知り得ていた。

その日、第二次世界大戦の日本側の最高責任者東條英機が処刑された。

だが、東條英機と同じほどの要職にあった岸信介は何故、首つりから解放されたのだ。

その理由は何だと聞きたくなる。

聞く所によるとマッカーサー元帥が監獄の中に二、三週間ほど前に現れ、岸信介を呼び込み、占領軍の高官たちと密談を交わした。

筆者にはそれ以上の話は聞こえない。

さて、マッカーサー元帥の前に差し出し、占領された潮臭い「琉球弧」の島々の民は、悲しい事に捕虜同然、本土に船で渡たることすら禁止され、飢えを苦しみながら、島に放置され、本土に行くことすら禁止されたのである。

いま、「琉球弧」は日本政府の海洋の軍事化と台湾海峡の危機など世界の危険地帯になっている。この危機感の種を巻いたのは何を隠そう、奈良だ「暗殺」された安倍晋三の伯父岸信三である。

いま、「琉球弧」に関して、文化的、経済的、軍事的な目が注がれ出している。

さて、「琉球弧」徳之島で生まれ育ち、労働問題を展開、八十路越えだが今も元気な「棘男」(Togeotoko)武建一は健在である。

四十数年前、東京、広島から総てを捨て、「琉球孤」のひとつ、イリオモテヤマネコの生息地西表島に移住した現代芸術家の松本貢、千枝子夫妻。

私ごとだが、この本は意外な方向に力が入り、越すことが出来ない巨大な崖が目の前に現れ、非常に難儀をし、ひとりでは脱出不可能、状況であった。

そんな私を妻康子は日常生活を普通に暮らしながら、陰乍ら支えてくれた。

感謝する。

さて、私のこの本は僥倖に包まれている。皆さん、高齢でお元気なのだ。

まず、『棘男』など三冊の本の装丁などを願いし、今回もお願いしているアートディレクターの巨匠浅葉克己(Asaba Katumi)さんは現在八十四歳。

ご苦労さまです。それに、驚くなかれ、講談社を辞めてから、自らの出版社を立ち上げ、これ迄三百数十冊もの本を制作している展望社の唐澤明義(Karasawa Akiyoshi)さんはなんと八十九歳。ますます、健在だ。

そんな中、ようやく、書き手の一人となった小生は、まだ八十三歳の若造、皆様のお力添えに感謝致します。

さて、私はニライカナイ塾長。ニライカナイ塾を共に立ち上げたのが我が友、映画監督の杉浦弘子。杉浦弘子は現在、幻の天才的な映画撮影監督の生涯に全力投球。

それはさて置き、ニライカナイ塾は数十人の同志が沖縄、奄美、台湾、フィリピンのミンダナオを含めた「琉球弧」の軍事化を押し進める帝国主義政府の軍事的行動に異議を申し立てている。


〜深い海の底で〜

二〇二四年十月一日

平林　猛

著者略歴

平林　猛

ひらばやし　たけし

1941年（昭和16年）1月13日、東京湾羽田浦の船大工の長男として生まれる。現在八十三歳。五歳で終戦。羽田空港内の棲家は占領軍MPに接収され、疎開、多摩川べりに仮屋を建て、そこに住まい漁師たちの船を造る。その後、銭湯かもめ湯の焼け跡に急遽開かれた臨時学級に入るが勉強などは人任せ、鉄条網に囲まれた羽田の米軍基地が遊び場。当時、朝鮮戦争が激しく、アメリカ兵が軍用機でソウル近郊の基地に運ばれ、北朝鮮に対する空爆要員であった。ある日だ。星条旗に包まれた棺が六体、軍用機から降ろされ、牧師が讃美歌を詠み、軍用機に収め、本国を目指した。それからMPの警戒が厳しくなり、基地内潜入はご法度となった。

さて､その後である。講談社「週刊現代」記者。NHK『中国改革解放』三部作、日本テレビ『黄金海道』等多数。自主映画は日活とジョイント『女高生偽日記』、『ぬくめどり』～鷹匠の世界～（監督杉浦弘子）。評伝は『創価学会池田大作会長の羽田時代』『棘男』（展望社刊）など多数。

ニライカナイ塾長。

時代が激しくクラッシュ！

Assassination「暗殺」～深い海の底で～

2024年12月25日　初版第1刷発行

著　者　平林　　猛
発行者　唐澤　明義
発行所　株式会社 展望社
〒112-0002
東京都文京区小石川3丁目1番7号　エコービル202号
電話　03-3814-1997　Fax　03-3814-3063
振替　00180-3-396248
展望社ホームページ　http://tembo-books.jp/
製本所　上毛印刷株式会社

ISBN978-4-88546-452-2

好評発売中

評伝
棘男

平林 猛

ISBN 978-4-88546-368-6

ひとの痛みは己の痛み。

四六判 並製
定価 2200 円（本体 2000円＋税10%）

展望社